INSURRECTION DE NAPLES

EN 1647.

CORBEIL, impr. de CRÉTÉ.

INSURRECTION DE NAPLES

EN 1647

ÉTUDE HISTORIQUE

DE

DON ANGEL DE SAAVEDRA, DUC DE RIVAS,

Ambassadeur d'Espagné près S. M. le Roi des Deux-Siciles.

OUVRAGE TRADUIT DE L'ESPAGNOL

Et précédé d'une Introduction

PAR

LE BARON LÉON D'HERVEY DE SAINT-DENYS.

TOME PREMIER.

PARIS : AMYOT, RUE DE LA PAIX.

1849

Par un sentiment de déférence, facile à apprécier ; nous avons pensé qu'avant de livrer notre travail au public nous devions le soumettre à **M.** le Duc de Rivas. — Il nous a fait l'honneur de nous adresser la lettre suivante en exprimant l'intention formelle de la voir figurer en tête de ce premier volume.

Nous ne dissimulerons pas la vive satisfaction que nous avons éprouvée, en recevant d'un juge aussi éclairé cette approbation d'une telle bienveillance qu'il ne nous est pas permis d'en essayer la traduction.

Señor Baron d'Hervey-Saint-Denys,

Muy señor mio , y de mi mayor consideracion, me tomo la libertad de escribir a V. para manifestarle cuanto me lisonjeó el saber que habia tomado a su cargo el traducir al idioma frances mi historia de la Sublevacion de Nàpoles, capitaneada por Masanielo.

Nunca dudé que la traduccion favoreceria mucho al original, y despues que he visto, con sumo gusto , algunos trozos de ella, no puedo ménos de manifestar á V. mi reconocimiento.

En su precioso trabajo de V. luce un completo conocimiento de la lengua española , y la falcultad, rara en los traductores, de conservar el estilo del texto, y hasta la vehemencia de la expresion.

Mi historia en manos de tan versado y hábil traductor gana mucho : y trasladada con tanta exactitud é inteligencia al idioma que es hoy el del universo ilustrado, adquirirá una extension que no podia yo esperar, debiendo á su pluma de V. el que sea en todo él conocida ventajosamente.

Al darle á V. las mas expresivas gracias por tan importante servicio, aprovecho esta ocasion de ofrecerme..... etc.

EL DUQUE DE RIVAS.

Nápoles, 15 de Marzo de 1849.

INTRODUCTION.

Vers le milieu du dix-septième siècle, on vit éclater une des plus violentes tempêtes politiques dont l'Europe ait été battue. Le Portugal avait secoué la domination espagnole et rétabli la maison de Bragance; la Catalogne s'était soulevée pour défendre ses priviléges et venait de se donner à la France; l'Angleterre, menée par les indépendants, envoyait Charles Ier à l'échafaud et mettait Cromwell à Windsor; l'orage républicain de la fronde grondait déjà sourdement dans les vieilles salles du palais et agitait les chaînes des barricades de Paris. Le feu des dissensions civiles couvait sous le calme menaçant du Milanais. La guerre de Flandre vidait de plus en plus le trésor espagnol, et celle. que la France avait déclarée à l'Espagne au sujet de Mantoue se poursuivait avec acharnement dans les Pays-Bas, le Roussillon, et sur les côtes occidentales et septentrionales de l'Italie, lorsque l'insurrection, dite de Masaniello, fit explosion à Naples. Le récit de ce soulèvement populaire se trouve aujourd'hui, grâce au jeu bizarre des événements, être en quelque sorte une œuvre de circonstance. On y voit les mêmes causes amener constamment les mêmes effets; l'insurrection commencer par les plus belles protestations de désintéressement et de générosité, et finir par le pillage et l'assassinat. La popularité des chefs du mouvement ne dure qu'un jour : le flot qui les porte au pouvoir les en précipite l'instant d'après, comme ces empereurs de la décadence pour lesquels la pourpre était un linceul.

En comparant les pages de cette histoire à celles de notre histoire contemporaine, on reconnaît combien les hommes de tous les siècles se ressemblent, combien sont mensongers et vides ces grands mots d'ère nouvelle et de monde rajeuni. Les rapprochements sont si frappants avec les événements du jour, qu'on serait tenté de croire que le duc de Rivas, en écrivant son livre, prêtait l'oreille aux bruits de nos rues, si l'on ne savait que le premier volume avait déjà paru avant cette année fatale qui devait, après Paris, agiter l'Europe entière et déchaîner de nouveau sur cette malheureuse Italie, en 1848, tous les fléaux de 1647.

La constance et l'inébranlable fermeté de ces Castillans qui, sans se laisser effrayer par l'ouragan populaire, attendent impassibles que sa fureur s'épuise, pourraient fournir aussi le sujet de méditations salutaires à ces gouvernements toujours prêts à fuir devant le danger.

Un tel événement ne pouvait manquer d'historiens; l'un des premiers fut Alessandro Giraffi,
qui publia à Venise, sous un nom supposé, un
journal détaillé des événements accomplis durant
la domination du célèbre chef populaire. On ne
connaît cet auteur que par son style; mais il suffit
de le lire pour s'apercevoir qu'il était plébéien.
Son enthousiasme va jusqu'à l'extase lorsqu'il ra—
conte les hauts faits de son héros. Néanmoins, il
est loin d'approuver ses cruautés, et s'exprime
toujours avec respect en parlant du vice-roi. Ac-
teur et témoin de toutes les scènes qu'il raconte,
son principal mérite est d'avoir soigneusement
noté, le soir même, ce qui s'était passé dans le
jour.

Raphaël de Turris, également contemporain,
imprima, à Genève, une *histoire de l'insurrection
de Naples*, écrite dans un latin tourmenté, rempli de phrases boursouflées et de longs discours
qui entravent la narration. Il n'est pas moins pro-

digue de sentences et de longues considérations; mais il expose clairement les faits, les classe avec ordre , et s'il oublie souvent des événements d'une assez grande importance, il n'avance du moins rien dont il ne soit sûr.

Mieux placé que les précédents pour apprécier les faits, à raison de son emploi de secrétaire de l'un des sédiles de la ville de Naples, Tommaso de Santis a conservé une foule de détails précieux et révélé les causes secrètes de presque tous les événements secondaires. Son extrême bonne foi et la prolixité avec laquelle il raconte, le rendent très-précieux à consulter et donnent beaucoup d'autorité à ce qu'il affirme.

A ces auteurs, qui firent imprimer leurs ouvrages, il faut ajouter deux manuscrits précieux: celui d'Agnello della Porta, et celui du mestre de camp Capecelatro.

Enfin, le comte de Modène, lieutenant et conseiller du duc de Guise, écrivain aussi élégant que bien instruit, a laissé une *Histoire des révo-lutions de la ville de Naples*, qui offre le plus haut intérêt, par rapport surtout à la dernière phase de la rébellion, durant laquelle Henry de Lor-raine dirigea le mouvement. Le comte de Mo-dène avait préparé l'expédition; il en fut un des principaux acteurs, il n'omet rien de ce qu'il a su et répand le plus vif intérêt sur ses récits.

Mais vit-on jamais une histoire exposée avec impartialité par ceux qui furent appelés à y jouer un rôle actif?

Le gentilhomme français, ennemi naturel, adversaire passionné peut-être, et prisonnier des Espagnols, pouvait-il mettre moins de prévention dans son récit, que le noble napolitain, ou l'homme du peuple aveugle et enthousiaste instrument des chefs de parti? Pour que nous puissions juger bien l'insurrection de Naples de 1647, il fallait qu'un auteur moderne, habitué à apprécier de haut les hommes et les choses, en écrivît l'histoire. Nommer le duc de Rivas, c'est dire le mérite de l'œuvre et l'impartialité qui le relève.

Don Angel de Saavedra, qui tire son origine de l'une des plus anciennes et des plus illustres maisons d'Espagne, se fit connaître comme officier avant de se faire connaître comme écrivain; encore adolescent, il inaugurait brillamment sa carrière militaire dans la guerre de l'indépendance, où il reçut onze blessures et devint colonel d'état-major. Ses premiers écrits furent consacrés aux premières impressions de sa vie. Il rédigea pendant le siége de Cadix le *Periodico militar*, où parurent en 1810, 1811 et 1812, des articles d'une grande portée. Ce ne fut qu'en 1813 qu'il prouva combien son talent était loin de se borner au style précis de la polémique, en lançant un volume de poésies dont le succès présagea dès lors sa future célébrité.

A la paix Don Angel se retira à Séville sa pa-

trie, et fit représenter dans cette ancienne capitale des rois maures la tragédie d'*Aliatar* que
les souvenirs de l'Alhambra lui avaient sans
doute inspirée, et qui fut applaudie avec enthousiasme. *Ataulfo, Doña Blanca, le duc d'Aqui-
taine* et *Malek-Adel* suivirent bientôt, sans le dé-
mentir, cet heureux et brillant début.

Écrivant avec une facilité merveilleuse et
n'ayant qu'à laisser courir sa plume pour réussir
dans tous les genres, l'auteur d'Aliatar ne s'était
pas tellement laissé absorber par ses travaux du
théâtre qu'il n'eût trouvé des heures d'inspirations poétiques: deux volumes de pièces déta-
chées furent livrés au public en 1820.

La haute réputation qu'il s'était acquise ne
pouvait manquer d'appeler l'attention de ses
compatriotes. Aux élections de 1821, la province
de Cordoue le choisit pour son député aux cor-
tès; et, justifiant pleinement la confiance de ceux
qui l'avaient nommé, il se montra comme ora-

teur et homme d'État ce qu'il avait été comme journaliste et comme poëte ; on l'écoutait avec un intérêt profond, et plusieurs de ses discours eurent un grand retentissement. Ce fut alors que, sous l'influence de ses préoccupations politiques, il produisit sa tragédie de *Lanuza,* où le mérite littéraire s'unissait au plus vif intérêt d'actualité. Jouée d'abord à Madrid, elle s'empara bientôt de tous les théâtres d'Espagne, et recueillit partout les applaudissements des gens de goût, en même temps que ceux de la foule passionnée.

Les événements de 1823 forcèrent le poëte espagnol à quitter la patrie de Caldéron. Émigré à Londres, puis à Malte, il écrivit dans cette île les poëmes de la *Florinda* et d'*El moro expósito,* puis un volume de poésies légères. Son génie indépendant déployant ensuite librement ses ailes, il franchit les bornes classiques dont il n'avait pas encore osé sortir. C'est alors qu'il devint lui-même, et qu'il entra dans cette voie nouvelle qui devait bientôt enrichir la scène espagnole du drame intitulé *Don Alvaro* ou *la Force de la Destinée,* admirable innovation considérée au delà des Pyrénées comme le chef-d'œuvre de l'art dramatique moderne.

Don Alvaro ne fut représenté qu'au retour de l'auteur à Madrid, et seulement après une comédie pleine de verve et d'originalité, *Tanto vales cuanto tienes.* A cette époque, Don Angel de Saavedra était devenu duc de Rivas, par la mort de son frère aîné, mort sans postérité; ce titre lui ouvrit les portes du sénat. Il y siégeait à peine que la couronne ayant à nommer un vice-président de la première chambre du royaume n'hésita pas à le choisir.

Ministre de l'intérieur en 1836, il eut en main les grands intérêts politiques de son pays jusqu'en 1840, époque à laquelle il voulut se retirer des affaires publiques, et retourner à Séville, son pays natal. Il avait besoin de repos;

mais ce repos n'excluait point pour lui les travaux littéraires. Il écrivit donc *lós Solaces de un prisoniero* (les passe-temps d'un prisonnier); *el Crisol de la lealtad* (le creuset de la loyauté), la *Morisca de Alajuar*, drames qui se succédèrent rapidement et qui firent fureur; puis, la retraite ramenant toujours l'infatigable auteur à ses penchants poétiques, il publia bientôt *el Desengaño en un sueño*, (l'erreur dissipée en songe), œuvre étincelante de poésie.

Cette retraite ne fut pas longue : en 1843 le gouvernement fit appel à son patriotisme. Son esprit conciliant, et son éloquence persuasive devenaient nécessaires; il fut alcade de Madrid au milieu des circonstances les plus difficiles, et ne quitta ce poste, en 1844, que pour aller représenter l'Espagne à Naples, en qualité de ministère plénipotentiaire. La situation de ce pays était alors des plus graves; et lorsque la constitution y fut proclamée, le gouvernement espagnol crut devoir reconnaître les services de son représentant : il lui donna le titre d'ambassadeur.

En débarquant dans la ville de saint Janvier, en parcourant les rues et les places qui avaient été le théâtre du drame terrible de Masaniello, de ce drame si rempli de scènes palpitantes et d'enseignements historiques d'une haute valeur, l'imagination du poëte et l'attention de l'homme d'Etat furent vivement frappées. Le duc de Rivas se promit d'étudier ces vieilles pages de l'histoire et de faire un article de revue avec les documents nouveaux qu'il aurait recueillis. Mais à mesure qu'il avançait dans ses recherches, à mesure qu'il feuilletait les auteurs contemporains, qu'il explorait les archives dont sa position diplomatique lui ouvrait les cartons les plus mystérieux, que les antiquaires et les collectionneurs s'empressaient de lui apporter les manuscrits et les autographes, il voyait l'horizon s'étendre devant lui et il se sentait entraîné dans un champ plus vaste. Il s'aperçut d'ailleurs que la figure de Masaniello, son règne si court, si pittoresque, et sa chute rapide ne formaient qu'un épisode de la grande secousse dont le chef populaire n'avait été que l'un des moteurs, et qui se prolongea long-temps après sa mort, comme elle s'était préparée longtemps avant sa grandeur éphémère.

Prendre de loin les causes qui amenèrent le royaume de Naples à de si désastreuses commotions, les résumer nettement, les apprécier avec justesse, et montrer plus tard les suites de l'influence de Masaniello après avoir peint la période insurrectionnelle sous les plus vives couleurs; comparer tous les écrivains de l'époque, faire jaillir la vérité du chaos de ces traditions passionnées et contradictoires.

Écrire, enfin, avec la minutieuse exactitude de l'historien et l'élégance du poëte: voilà la tâche que s'imposait le duc de Rivas, en prenant la plume, et qu'il a remplie avec son bonheur ordinaire. En présence d'une telle œuvré, les devoirs du traducteur étaient difficiles et impérieux ; aussi comptons-nous sur l'indulgence du public pour une copie que nous nous sommes efforcé de rendre le moins indigne possible du modèle.

Et maintenant nous laissons l'historien racon-ter lui-même les événements, en finissant pour notre compte par cette réflexion du meilleur commentateur de Montaigne (1) :

« Il est bien aisé d'inspirer à n'importe quel « peuple, du mépris pour ses anciennes obser-« vances ; nul n'en forma le projet qui n'en vînt à « bout. Mais de mettre un meilleur état de choses « à la place de celui qu'on a ruiné, c'est en cela « qu'on voit échouer les efforts des insensés qui « ne craignent pas d'entreprendre. »

(1) Etienne Catalan (*Études sur Montaigne*).

LIVRE PREMIER.

MASANIELLO.

LIVRE PREMIER.

MASANIELLO.

CHAPITRE PREMIER.

Les glorieuses campagnes du grand capitaine Gonzalve de Cordoue avaient à peine assuré la possession du royaume de Naples, aux couronnes déjà
réunies de Castille et d'Aragon , qu'on vit apparaître
des symptômes hostiles à la domination espagnole,
préférée cependant par les Napolitains à celle des
Français. Du vivant même de Ferdinand le Catholique, et peu après le voyage que fit ce prince en Italie ,

la cherté des vivres et le poids des impôts excitèrent
quelques émeutes; le comte de Ribagorza était alors
vice-roi. En 1510 son successeur don Raymundo de
Cardona souleva tout le royaume, en voulant y introduire l'inquisition. Enfin, au commencement du
règne de Charles-Quint, l'expédition de Lautrec,
malgré son peu de succès, laissa de dangereuses se-
mences de haines qui devaient germer un jour sur
ce sol ardent. Sous le fameux vice-roi don Pedro de
Tolède, marquis de Villa-Franca, l'irritation de la
noblesse, furieuse qu'on touchât à ses priviléges, et le
mécontentement du peuple que la disette poussait à la
révolte, prirent un caractère si menaçant que l'empereur dut passer à Naples, au retour de son expédition d'Afrique ; sa présence fut d'autant plus agréable
à ses nouveaux sujets, qu'il accorda divers priviléges
au royaume et à la capitale en particulier; mais au
commencement de 1548, une nouvelle tentative
faite pour établir l'inquisition, occasionna des troubles sérieux, et un conflit entre les Napolitains et
les Espagnols, qui coûta la vie à plus de trois cents
personnes. Ce fut pour l'inflexible vice-roi une occasion de déployer son opiniâtre volonté ; mais il dut

pourtant renoncer à l'établissement de l'odieux tribunal.

Au marquis de Tolède succède le duc d'Osuna,
en 1581 ; les nobles réclament avec arrogance leurs
droits abolis, et le peuple se soulève contre l'augmen-
tation des impôts , qui vient se joindre à la disette.
Les esprits s'aigrissent de plus en plus pendant la vice-
royauté du comte de Miranda ; puis, durant celle du
comte de Lémos, en 1600, on voit éclater de violentes
agitations, excitées par certaines doctrines nouvelles
que prêche un frère turbulent nommé Campanella.
Entouré de nombreux partisans, il était parvenu à
traiter avec les Turcs, leur offrant, s'ils venaient le
soutenir, de leur faciliter sur la côte l'occupation de
plusieurs forteresses. En 1603 , le comte de Lémos
cède la place au comte de Benavente ; la misère publique est à son comble, l'altération de la monnaie
cause de nouveaux troubles, la popularité du second
duc d'Osuna vient se briser contre le mécontentement et l'agitation universels. Rappelé précipitamment en Espagne, le duc laisse ce commandement au
cardinal Borgia, qui ne peut prendre possession de la
vice-royauté qu'après plusieurs jours de lutte vio-

lenté. Enfin sous le règne de Philippe IV, le cardinal Zapata et le duc d'Albe, successivement nommés à la vice-royauté de Naples, vivent dans de continuelles alarmes au milieu d'une population agitée par l'accroissement des impôts, le manque de pain, et le discrédit des monnaies. Le comte de Monterey d'abord, et plus tard le duc de Médina de las Torres, étouffent sous une répression énergique des conspirations formidables, ourdies dans le but de livrer le royaume aux Français.

Ces avertissements réitérés devaient faire sentir au gouvernement espagnol la nécessité, ou d'entretenir toujours des forces suffisantes dans ce royaume turbulent si accessible aux influences étrangères, ou de le régir avec tant de justice et de douceur qu'il trouvât de l'avantage à demeurer soumis au suzerain. Ce dernier parti eût été le plus facile comme le plus utile, et en même temps, le plus juste, puisque Naples, loin de témoigner de l'antipathie pour l'Espagne, l'aidait au contraire loyalement de son sang et de ses trésors dans ses entreprises extravagantes. Mais les rois catholiques, ou pour mieux dire leurs favoris, et les délégués qu'ils envoyaient à Naples, au lieu de l'un de ces systêmes de gouvernement, choisirent celui de diviser les esprits, en semant, d'abord la défiance, ensuite la haine entre le peuple et la noblesse, afin que, le manque d'accord empêchant toute résistance sérieuse, on parvînt plus aisément à opprimer et à exploiter le pays conquis. Aussi la domination des vice-rois devint tellement funeste à ces riches et magnifiques contrées, que l'on y conserve encore aujourd'hui le souvenir de leur arbitraire et de leur insatiable soif d'or.

De temps immémorial le royaume de Naples jouissait, comme garantie nationale, d'un parlement composé des barons ayant fief, et des députés de certaines villes et corporations ecclésiastiques, lequel, bien qu'il n'eût point de forme constante, ni de périodicité régulière, se réunissait souvent sur la convocation du souverain ou de ses lieutenants; mais ce corps respectable, sans le bon vouloir duquel on ne pouvait charger le pays de contributions nouvelles, s'était usé sous les régimes précédents, perdant peu à peu son influence et sa valeur.

Aussi, *corrompu ou contraint* (expression du *Manifeste du peuple*), il se prêtait docilement à toutes les exigences du pouvoir, étant peut-être le plus solide appui de la tyrannie, puisqu'il légalisait ses actes. Sort terrible des institutions les plus salutaires, lorsque, abâtardies par le temps ou les circonstances, elles perdent leur propre dignité, et oublient les intérêts qu'elles représentent !

Les principales villes du royaume étaient, en outre, administrées par une sorte de municipalité élective. Celle de la capitale se composait des députés de six *sédiles*, places, ou districts formant les divisions de la ville ; des *élus* de ces *sédiles*, et enfin des capitaines des *ottines* ou quartiers, subdivisions des *sédiles*. L'élection de cinq *sédiles* appartenait exclusivement à la noblesse ; le peuple n'exerçait plus ce droit que dans un seul, les nobles ayant accaparé le pouvoir à mesure que l'institution s'altérait.

Le *sédile* du peuple comprenait, il est vrai, la nomination des cinquante-huit capitaines d'*ottines* (sorte d'alcades de quartier); mais tandis que la noblesse désignait librement et directement ses *élus*, le peuple devait présenter trois membres au choix du gouvernement : celui qui était nommé de cette façon n'en prenait pas moins le titre menteur et pompeux d'*élu du peuple*, et jouissait de certaines prérogatives assez semblables à celles de nos anciens syndics. Les députés des six *sédiles*, et les capitaines d'*ottines* présidés par les six *élus*, formaient la corporation municipale de Naples, sans le consentement de laquelle on ne pouvait ni imposer de nouvelles charges à la ville, ni créer des octrois d'aucune éspèce, et qui comptait parmi ses attributions, le soin de la police, l'administration des deniers publics et celle des colléges et dés hôpitaux. Ajoutons que les votes se réduisaient toujours à six, malgré le grand nombre des membres, le scrutin particulier de chaque *sédile* étant préalablement vérifié.

Cette corporation qui, bien que monstrueuse dans sa forme et embarrassante dans son action, s'était pourtant jadis dignement acquittée de ses fonctions, manquait alors d'une vie qui lui fût propre. Si quelquefois elle osait encore formuler d'énergiques protestations contre l'oppression de la ville et du royaume entier, elle n'en était pas moins devenue déjà un instrument docile dont les vice-rois se servaient pour arriver à l'accomplissement de leurs exigences avec certaine apparence de légalité.

Les Napolitains n'avaient ainsi rien à espérer des
institutions protectrices léguées par leurs aïeux : le
temps les avait affaiblies, la domination étrangère
les avait corrompues. Abîmés sous le poids d'un joug
écrasant, ils ne pouvaient ni leur rendre la vigueur
primitive, ni en fonder de nouvelles mieux appro-
priées aux circonstances. La noblesse avait perdu
toute son influence en pressurant ses vassaux, en
affermant les rentes de l'État, en se montrant trop
soumise aux caprices des vice-rois. Et quant au peuple,
abandonné, flétri, accablé, il s'épuisait sans appui
et sans direction en de vaines et impuissantes tentatives.

Le royaume de Naples marchait donc à sa ruine
totale. La main du pouvoir ne s'y faisait sentir que
pour pressurer, opprimer et stériliser. La sécurité publique était complétement perdue. Les côtes demeuraient continuellement exposées aux descentes des pi-
rates barbaresques. Sur les montagnes campaient de
nombreuses troupes de bandits qui, grossies de jour
en jour par le besoin et le découragement général,
poussaient leurs excursions dévastatrices jusque dans
les villes, lorsqu'elles pouvaient y fondre à l'impro-

viste. La population diminuait sensiblement par la misère, par de continuelles levées d'hommes pour la Flandre, la Lombardie et la Catalogne, et aussi par l'émigration incessante des infortunés Napolitains, cherchant un refuge contre leurs maux jusque sur les plages turques, ainsi que l'assure un auteur contemporain.

L'agriculture dépérissait par le manque de bras, par le défaut de sûreté des campagnes, par l'accroissement des contributions; l'industrie, débilitée, ruinée, se voyait étouffée dans son berceau, et le commerce qu'épouvantaient des guerres ou des troubles sans fin, des droits et des tarifs excessifs, fuyait un pays d'où l'on avait tiré, durant les vingt dernières années, plus de cinquante mille hommes pour la guerre, et pour l'Espagne plus de quatre-vingts millions de ducats, produits de gabelles, d'octrois et d'impôts extraordinaires.

Telle était la déplorable situation de Naples, lorsqu'en 1644 l'amiral de Castille don Juan Alfonso Enriquez de Cabrera, duc de Medina de Rioseco, vint prendre possession de la vice-royauté. Gentilhomme plein d'humanité autant qu'habile politique,

il comprit tout d'abord la lassitude du pays; et tandis qu'il appliquait ses efforts à régulariser l'administration, déshonorée par le gaspillage et les dé-
tournements des officiers publics, il écrivait à la cour
pour exposer la nécessité de jeter un regard de com-
passion sur ces peuples épuisés. Mais à Madrid, on était
préoccupé de la guerre de Catalogne ; on était sous
le coup de mille événements désastreux, de mille
nécessités pressantes ; on dédaigna les prudents avis
du vice-roi ; on ne lui répondit qu'en demandant
formellement des hommes et de l'argent. L'a-
miral, contraint d'obéir aux nouvelles exigences,
ayant d'ailleurs à se munir contre l'apparition d'une
flotte turque dans le golfe de Tarente, à protéger
Malte et à défendre Rome, se vit dans la cruelle obligation de lever encore quelques bataillons pour la
Péninsule et de créer un impôt sur les farines, qui
excita un vif mécontentement ; mais en même temps
il renouvelait bien haut ses représentations sur le
danger d'exaspérer les Napolitains et sur leur manque
absolu de ressources. Son zèle, sa juste prévoyance
furent traités en Espagne de faiblesse et même de
pusillanimité ; on lui enjoignit impérieusement d'ex-

pédier de nouveaux secours. Ce fut alors que, dérangé dans ses plans, il écrivit au roi pour résigner ses pouvoirs et demander un successeur, *ne voulant pas que le beau cristal qu'on lui avait confié se brisât entre ses mains*, expression remarquable que transmettent tous les historiens du temps et qui caractérise fortement la grande figure de ce sage et loyal seigneur. .

CHAPITRE II.

Don Rodrigo Ponce de Léon, duc d'Arcos, qui dans plusieurs missions importantes avait déjà fourni des gages de la dureté et de la ténacité de son caractère, fut choisi par la cour d'Espagne, pour succéder au duc de Médina et remplacer dignement ce qu'on appelait la mollesse et l'incapacité du prédécesseur. Après une longue et pénible navigation, présage des tempêtes qu'allait soulever son gouvernement, le nouveau vice-roi fit son entrée à Naples le 11 février 1646. Le jour suivant l'amiral quittait la ville, emportant les témoignages les plus expressifs de l'amour qu'il avait su inspirer aux Napolitains durant la courte période de son règne; il les laissait, il est vrai, chargés de cette lourde contribution des farines, mais personne n'avait ignoré sa répugnance à l'établir, non plus que son vif désir d'améliorer le sort du peuple. On savait que s'il abandonnait un poste si important et si ambitionné, c'était uniquement pour ne point devenir un instrument d'oppression.

En présence de la détresse et de l'irritation universelles, le duc reconnut bientôt l'imprudence des promesses exagérées qu'il avait faites avant de quitter la Péninsule. Toutefois, pour ménager son crédit à la cour, et pour se faire bien venir du peuple qui voit toujours de mauvais œil les spéculateurs de sa misère, il s'occupa de poursuivre les contribuables retardataires et les fermiers d'impôts à découvert de sommes importantes; se flattant par ce moyen de répondre aux exigences de Madrid, sans créer de nouvelles charges.

C'était un antique usage, introduit par les vice-rois, d'affermer non-seulement la plus grande partie des revenus permanents et des contributions annuelles, mais aussi les impôts provisoires, et les octrois destinés à couvrir les services et les libéralités extraordinaires. Cette méthode procurait au gouvernement des résultats plus prompts, tout en le libérant des embar-

ras, des retards et des procédés odieux du recouvre-
ment. Lorsqu'il ne se présentait personne pour sou-
missionner ces fermages, on obligeait souvent les plus
riches à s'en rendre adjudicataires; si bien que ceux
qui devenaient fermiers des impôts d'une façon
ou d'une autre, les exigeaient sans aucune miséricorde, s'arrangeant d'ailleurs avec les commissaires
et les autorités, à l'effet d'obtenir, au moyen d'une
partie de la somme payée immédiatement et comme
par anticipation, des remises et des délais pour le
versement de la totalité (1). Ce fut donc sur les
adjudicataires fortement endettés par de semblables marchés, que le vice-roi fit peser une sévérité
inexorable, et en cela il fut généralement approuvé,
la justice étant de son côté. Il voulut réprimer également la contrebande devenue scandaleuse, et ne
montra d'indulgence qu'en faveur des contribuables
arriérés dont le dénûment absolu rendait la poursuite aussi dangereuse qu'inutile. Afin de procéder
avec des formes moins arbitraires, il créa deux com-
missions composées de magistrats et de fonctionnaires
d'une intégrité reconnue qui durent se réunir chez

(1) Capecelatro, *Tumulti di Napoli del* 1647, M. S.

l'inspecteur général du royaume et discuter, sous sa présidence, les mesures à prendre à l'égard des contrebandiers et des fermiers retardataires (1).

Le duc d'Arcos était tout occupé de ces réformes, lorsqu'un événement inattendu vint porter le trouble dans son esprit, en lui montrant avec quelle facilité les Napolitains se mettaient en mouvement ; il est vrai qu'il reconnut en même temps à quel point ils étaient désunis et par conséquent peu redoutables, du moins quant au présent.

On sait le culte rendu par la ville de Naples, depuis les temps les plus anciens, à son patron saint Janvier, et le miracle annuel de la liquéfaction du sang de ce martyr. Une antique coutume encore existante aujourd'hui voulait que l'effigie en argent du saint et l'ampoule renfermant la précieuse liqueur fussent transférées du trésor de la cathédrale, lieu de leur dépôt, à l'église où devait se célébrer la fête du premier dimanche de mai. Cette translation a toujours lieu la veille au soir, elle s'effectue en grande pompe et attire une immense affluence. A

(1) Parrino, *Teatro eroico e politico de Goberni de Vicere*, etc. — Tommaso de Santis, *Istoria del tumulto di Napoli*.

l'époque dont il s'agit, chaque sédile conduisait alternativement la procession, et, subvenant à toutes les
dépenses, érigeait sur la place principale de son quartier un autel autour duquel le cortége faisait une
halte assez prolongée. L'an 1646 c'était le tour du
sédile de Capuano, et ses nobles avaient pris soin d'élever un magnifique reposoir; mais lorsque les délégués, accompagnés de l'élu, se présentèrent à la cathédrale pour emporter la statue d'argent ainsi que
la miraculeuse ampoule, le chanoine trésorier leur
signifia sèchement qu'il ne pouvait livrer ni l'une ni
l'autre sans un ordre écrit de l'archevêque. La députation s'irrita de cette exigence inattendue, elle voulut se prévaloir de l'usage établi et refusa de se plier
à des exigences sans précédents. La contestation s'échauffait de part et d'autre, le retard de la procession
commençait à produire son effet; le vice-roi, prudemment conseillé, envoya le régent de la vicairie
inviter l'archevêque à laisser les choses suivre leur
cours habituel; mais le prélat demeurait inflexible,
et tout ce que put obtenir l'intervention de la
vice-reine qui le fit prier de terminer ce conflit
par considération pour elle, ce fut qu'il transférerait

lui-même les objets sacrés en suivant toutefois un
chemin différent de celui qu'on avait préparé. Le
duc goûtait fort peu cette transaction dont il pré-
voyait les suites ; l'urgence de la situation l'obligea
pourtant à l'accepter.

Or, l'archevêque de Naples était le cardinal Ascanio
de Filomarino, dont nous aurons beaucoup à parler
dans cette histoire, personnage d'une sagacité exces-
sive, mais opiniâtre et orgueilleux. Noble par son
père, il était né d'une mère plébéienne, ce qui lui
attirait parfois le dédain de certains seigneurs trop
rigides en matière de descendance. Il en nourrissait
intérieurement de l'aigreur, et son ressentiment personnel contre les principaux gentilshommes du sédile
organisateur de la fête, lui avait inspiré ce moyen peu
prudent de les mortifier. Il se rend donc à la cathédrale, dispose la procession, se met à sa tête revêtu
des ornements pontificaux, et, suivi d'un nombreux
clergé, la dirige par d'autres rues que celles où on
l'attendait. Indignée de cet affront, prête à user de
violence pour en tirer elle-même une réparation éclatante, la noblesse cède pourtant aux sages conseils
de ceux qui redoutent le scandale ; elle se contente de

marcher en foule à la rencontre du cortége, emmenant avec elle Paolo Milano, le notaire du sédile, afin de protester en forme au nom de la cité. Le cardinal-archevêque refuse d'écouter, la colère le transporte, il déclame dans les termes les plus acerbes contre ce qu'il appelle une odieuse irrévérence. Arrivent enfin sur ces entrefaites le duc de Maddaloni avec son frère don Giuseppe Caraffa, le chevalier Tommaso Caracciolo, l'élu du peuple, et plusieurs cavaliers de haute distinction, dont les paroles conciliantes parviennent à calmer un peu le prélat. La procession s'arrête donc ; mais comme le notaire commence immédiatement à haute voix la lecture de la protestation écrite, le cardinal-archevêque, exaspéré, la lui arrache violemment, la met en pièces, et s'écrie d'une voix altérée que l'image et la relique étant sa propriété et celle de son église, à Rome seule appartient le droit d'en demander compte. Les nobles, non moins irrités, le contredisent rudement. Ces récriminations violentes répétées par mille bouches produisent un tumulte effroyable, et l'épouvante s'empare du clergé qui s'enfuit en déposant l'ampoule et le patron de Naples au palais Montecorvino.

Le débat s'envenimait, la confusion croissait, le prélat ne s'en montrait que plus inébranlable ; il fallut un moment de désordre où sa personne fut outragée, pour le décider à se réfugier haletant et plein de rage dans la maison d'un seigneur appelé César de Bolonia ; il s'y dépouilla des ornements sacrés et ne put regagner son palais qu'à la nuit. — Quant aux reliques, elles furent enlevées triomphalement par les délégués du sédile, et la cérémonie s'accomplit sans obstacles le jour suivant, l'agitation de la rue s'étant peu à peu apaisée, et de sages conseils ayant décidé les adversaires à se réconcilier.

Ces événements n'étaient qu'un léger prélude de commotions plus sérieuses et de troubles plus durables ; de cruelles inquiétudes firent oublier au viceroi ses bonnes résolutions de ne pas imposer au pays de nouvelles charges, et la nécessité de défendre ses Etats menacés par les Français, l'y contraignit bientôt.

CHAPITRE III.

Le cardinal Mazarin, irrité contre le nouveau pape qui avait refusé le chapeau à l'un de ses neveux, voulut lui susciter des embarras, sous prétexte qu'il protégeait ouvertement les intérêts de la maison d'Autriche et d'Espagne au détriment de la France, et après avoir encouragé la révolte des Barberinis, il résolut de s'emparer des places espagnoles de la Toscane.

Au mois de mai 1646, une flotte française, commandée par le jeune amiral duc de Brézé, débarque aux marais de Sienne huit mille hommes sous les ordres du prince Thomas de Savoie, qui s'emparant tout d'abord de Telamon ainsi que des forts Salinas et Saint-Étienne, met bientôt le siége devant l'importante place d'Orbitello, défendue par le valeureux

Carlo de la Gatta, gentilhomme napolitain, auquel le vice-roi en avait confié la garde depuis quelques jours seulement.

Cette invasion inattendue fournit au duc d'Arcos l'occasion de déployer autant d'activité que d'énergie. Deux mille hommes de troupes espagnoles et quelques bataillons allemands composaient toutes les forces du royaume ; il lève de nombreuses recrues, il arme des galères et, sans se laisser décourager par deux expéditions malheureuses, parvient enfin, grâce à l'intervention d'une flotte castillane et grâce aux talents militaires du marquis de Torrecusa, à secourir Orbitello déjà réduite aux plus pressantes extrémités.

Les Français opérèrent aussitôt leur retraite, et le duc eut le tort de laisser la flotte libératrice regagner les ports d'Espagne, au lieu de la conserver à sa disposition, dans un temps où l'ennemi pouvait revenir à la charge, où le royaume était si dégarni de troupes, et où tous les symptômes d'une conflagration générale se manifestaient déjà si clairement.

En effet, Mazarin n'était pas homme à se décourager facilement ; il fit partir une nouvelle expédition dirigée cette fois contre Piombino, apanage

d'un parent du pontife, et contre l'île d'Elbe occupée
par les Espagnols. Tandis que ces deux positions
tombaient au pouvoir des Français, le pape témoignait un grand refroidissement à l'égard du gouvernement de Naples, par suite de certains différends
avec le nonce. Le vice-roi s'inquiéta vivement de
cet état de choses, et se vit dans la nécessité de veiller de plus près que jamais à la sécurité du royaume.
Il doubla les fortifications de Gaëte et autres points
importants de la côte, il augmenta le nombre de ses
vaisseaux, et, comme les milices du pays déclaraient
hautement qu'elles n'iraient pas combattre au delà
des frontières, il fit recruter six mille auxiliaires allemands, lesquels profitèrent du besoin que l'on avait
d'eux pour imposer les conditions les plus onéreuses.

Tous ces préparatifs exigeaient d'énormes dépenses; les expéditions précédentes avaient absorbé déjà
de telles sommes que le duc était à bout de ses ressources ; de concert avec le conseil collatéral, et sous
le nom de service extraordinaire, il en vint à demander un effort suprême au pays épuisé. Parrino,
auteur digne de foi qui raconte minutieusement ces
événements, et après lui l'historien Giannone, di-

sent que le vice-roi s'adressa au parlement afin de légaliser cette nouvelle exigence; néanmoins des documents authentiques contemporains, que nous avons été à même d'examiner, démontrent claire-ment que ce ne fut pas au parlement (depuis long-temps on ne le convoquait plus), mais bien aux sédiles de la ville de Naples que le duc eut recours en cette occasion. Il voulait qu'ils prissent une décision obli-gatoire pour tout le royaume, ce qu'ils repoussèrent à l'unanimité, déclarant que leur pouvoir ne s'éten-dait point au delà des murs de la cité. Alors il leur demanda un million d'écus en don volontaire, et bien que plusieurs sédiles, entre autres celui de Capuano, refusassent d'abord énergiquement leur sanction, à force d'intrigues et de menaces on sut enfin l'obtenir.

Il fallut aviser ensuite aux moyens d'arracher le million accordé, et la mauvaise étoile du vice-roi lui inspirant l'idée d'une taxe sur les fruits, il oublia qu'une semblable mesure avait suscité sous le comte de Benavente des troubles interminables, tandis que le dernier duc d'Osuna n'avait eu qu'à l'abolir pour devenir l'idole des Napolitains. L'immense popula-

tion pauvre de la ville allait souffrir surtout du nouvel impôt. Les fruits étaient son aliment de prédi-
lection ; en faire monter le prix plus haut que ses
faibles ressources ne lui permettaient d'atteindre,
c'était la priver de son unique subsistance pendant
l'été (1). Les élus et les députés ne manquèrent
point d'exposer avec insistance ces puissantes considérations et lorsqu'ils cédèrent devant la ténacité
du duc d'Arcos ils eurent peut-être l'arrière-pensée
de risquer le tout pour le tout.

A peine la nouvelle imposition fut-elle publiquement annoncée, le 1er janvier 1647, que l'on remar-
qua le mécontentement général, le sombre abattement et le chagrin menaçant des classes nécessiteu-
ses. Plus on approchait de l'été, plus se multipliaient
les représentations orales ou écrites adressées au vice-
roi, pour le supplier de ne point mettre à exécution
une si désastreuse mesure ; les coins de rues se cou-
vraient de pasquinades et de protestations, les autorités étaient poursuivies de suppliques, de réflexions et
de menaces anonymes. On ne parlait point d'autre

(1) De Santis. — Capecelatro, M. S. — Raphaël de Turris, *dissidentis
desciscentis receptæque Neapolis.*—Baldacchini, *Storia Napoletana dell'
anno* 1647.

chose dans la ville; et chacun prédisait de grands malheurs. Un matin, vers la mi-avril, le duc d'Arcos s'étant rendu à l'église du Carmel, la populace entoura son carrosse ; elle était encore respectueuse, mais en demandant l'abolition de cette taxe qui allait la faire mourir de faim, elle laissait entendre de douloureuses clameurs.

Peu de temps après, et comme on venait de l'achever, une petite maison de bois élevée au milieu du marché pour les *gabellieri* (collecteurs des *gabelles* (1)), fut tout à coup réduite en cendres sans que l'on pût découvrir la main qui l'avait incendiée.

Toutefois les difficultés de la situation n'empêchaient pas le vice-roi de penser à la défense du royaume. Il poursuivait son plan de fortifications sur les côtes, levait des troupes, et armait des vaisseaux. De leur côté, les Français étaient loin d'abandonner leurs plans ; avertis de ce qui se passait à Naples ils résolurent de commencer l'attaque avant que la dé—

(1) Désespérant de trouver un juste équivalent à l'expression à la fois italienne et espagnole *gabelle*, nous la conservons en prévenant le lecteur que ce mot, auquel s'attache chez nous l'idée de l'impôt du sel, devra dans le cours de cet ouvrage, s'entendre de toute espèce de taxes sur les objets de consommation.

fense fût organisée. Ils réunirent leurs forces na-
vales disséminées entre Piombino et Portolongone,
et le 1ᵉʳ avril ils apparurent dans le golfe de Naples, se proposant de surprendre et d'incendier
l'arsenal. Ils capturèrent sur leur passage plusieurs
barques de pêcheurs en vue de toute la ville, et leur
apparition partageant les esprits entre la crainte et
l'espérance, l'agitation devint générale. Le duc songea d'abord au danger le plus pressant, il donna
l'ordre de faire sortir tous les vaisseaux en état de
prendre la mer et tous ceux que l'on pourrait
équiper à la hâte; ces derniers furent armés en
grande partie par la noblesse, qui rivalisa de zèle
autant que de générosité (1). Un calme subit pa-
ralysant toutes manœuvres, mit seul obstacle au
combat dont le succès n'eût pas été douteux. Aussi la
nuit suivante, les Français voyant leur projet éventé
se retirèrent, et le départ de l'ennemi tranquillisa
les Napolitains.

Peu de jours après, tandis qu'on préparait plusieurs galères pour porter en Espagne les sommes
produites par le fatal impôt, à trois heures du ma-

(1) Parrino. — Raphaël de Turris.

tin, le 12 mai, sans qu'il fût possible de savoir ni même de soupçonner comment, la capitane *disparut* avec près de 400 hommes à son bord, ainsi que le trésor public et les richesses, plus ou moins bien acquises, de diverses personnes, qui prévoyant de grands bouleversements cherchaient à les mettre en sûreté. Cette aventure, dans laquelle le hasard et peut-être la trahison firent ce que les Français avaient vainement tenté, affligea les uns, réjouit les autres, et effraya tout le monde, comme un présage de terribles calamités (1).

(1) Giannone, *Istoria civile del regno di Napoli.*

CHAPITRE IV.

On était arrivé à cette saison brûlante où le nouvel impôt pesait de tout son poids ; le mécontentement populaire grandissait sensiblement, et les prières
se changeaient en menaces. Hésitant entre le parti
de céder en abolissant la taxe, et celui de maintenir
avec énergie les dispositions arrêtées, le vice-roi demeurait indécis et pensif sans prendre aucune résolution. Cependant le danger, devenant plus imminent
de jour en jour, il voulut s'en rapporter au sentiment
d'un certain Cornelio Spinola, établi à Naples depuis longues années, négociant génois très au courant
des affaires publiques ; il consulta également le père
Étienne Pépé, personnage très-populaire auquel
d'importantes révélations avaient été faites au confessionnal sur des troubles prochains, et l'abolition

fut décidée ; mais au lieu de la décréter sur-le-champ,
ce qui aurait conjuré la tempête, il voulut créer auparavant une autre contribution pour remplacer
celle qu'on abandonnait. Il convoqua donc à cet effet
le conseil *collatéral*, auquel furent appelés aussi les
autorités, la noblesse, les fermiers de l'impôt et les
personnes les plus influentes des sédiles, afin de traiter
longuement cette affaire en oubliant le prix du temps.

Mille objections, mille embarras entravèrent à
chaque pas la discussion ; on s'épuisa, ainsi qu'il
arrive toujours, en discours pompeux et inutiles, en
déclamations passionnées, en longs et inextricables
raisonnements, et l'on perdit de vue la question importante, celle de prendre une prompte détermination. Les individus qu'intéressait le maintien de la
taxe et qui avaient déjà fait des versements anticipés,
se laissaient aveugler par leur avarice ; ils ne voyaient
dans la substitution d'un autre impôt, plus long et plus
difficile à percevoir peut-être, que le renversement
de leurs calculs personnels ; et ils insistaient avec
opiniâtreté pour que rien ne fût révoqué. L'inspecteur
général du royaume, don Juan Chacon, influencé par
sa femme à laquelle, si l'on en croit le comte de Modène,

auteur contemporain, quinze mille ducats auraient
été comptés aux dépens de Carlo Spinelli, l'un des
fermiers, prit parti pour ceux-ci avec une chaleur
extrême ; il exhorta le vice-roi à faire respecter son
autorité, en châtiant rigoureusement ceux qui auraient l'audace de chercher à exiger d'inopportunes
concessions, et il fut appuyé par un grand nombre
de gentilshommes, désireux sans doute de se montrer
ardents défenseurs de la dignité royale. Cependant
d'autres conseillers, plus sensés ou moins intéressés
dans le débat, s'exprimèrent avec plus de prudence,
soutenant qu'il fallait tenir compte des plaintes de la
classe pauvre ; que le mécontentement populaire,
fondé sur de justes motifs, ne devait jamais être mé-
prisé, et qu'enfin les circonstances présentes rendaient la conciliation indispensable, pour éviter un
soulèvement populaire qui deviendrait peut-être fort
difficile à calmer. Ces avis contradictoires affermis-
saient de plus en plus le duc d'Arcos dans son
système temporisateur ; il ne se lassait point de réunir les sédiles, ou son conseil privé ; mais les séances
consacrées à la recherche d'un nouveau mode d'imposition étaient fort loin de conduire à des résultats

définitifs. Ce n'étaient partout que retards, fausses démarches, perplexités, et confusion.

Pendant ce temps, les nouvelles défigurées de ce qui s'était dit dans ces réunions, augmentaient l'anxiété publique, et l'indignation contre les fermiers de la gabelle, contre leurs employés et contre les personnages qui les soutenaient. La réputation du vice-roi ne gagnait rien aux commentaires ; son indécision passant pour absence d'énergie, encourageait l'audace de la multitude parmi laquelle il ne manquait point de gens prompts à semer cette féconde idée, qu'une révolte ouverte était l'unique ressource de la situation. Les symptômes de la crise menaçante devinrent bientôt d'une évidence extrême ; et le duc, pour tout remède, ordonna qu'on ne célébrerait pas cette année la fête de saint Jean-Baptiste, malgré l'usage établi, espérant éviter ainsi l'affluence du peuple, toujours très-considérable à cette solennité ; mesure de pure faiblesse, impuissante à empêcher les rassemblements et très-propre, au contraire, en irritant les esprits, à augmenter l'inquiétude et à ranimer les agitateurs.

On ne conçoit pas comment un homme renommé pour la rigidité et la ténacité de son caractère, ac–

coutumé aux grands commandements, aguerri aux circonstances graves et périlleuses, put montrer dans celle-ci une telle insouciance et une telle irrésolution; voyant clairement cependant que le sol tremblait sous ses pieds, et que la tempête s'amoncelait sur sa tête. Ou bien il n'attacha aucune importance au mécontentement du peuple, pensant que la mauvaise intelligence qui régnait entre la noblesse et lui l'empêcherait de recevoir une direction redoutable; ou bien, confiant dans ses forces, quelque bornées qu'elles fussent, il voulut attendre l'émeute pour la comprimer, dédaignant souverainement les mécontents comme gens de nulle valeur. Mais le résultat prouva combien se trompent les gouvernants quand ils s'imaginent que les masses soulevées manqueront de chefs habiles pour les commander ; quand ils laissent organiser le mouvement dans l'espoir de l'écraser, et quand ils négligent les clameurs de la plèbe dans un pays tourmenté par des intérêts opposés, par des rancunes à assouvir, et par la privation des objets les plus nécessaires à la vie.

Comme pour rendre la situation plus critique et plus dangereuse, la nouvelle se répandit tout à coup

qu'en Sicile, ce pays si voisin, un soulèvement populaire venait d'obliger le vice-roi, marquis de Velez, à
concéder l'abolition complète des impôts, tout en
accordant la plus large amnistie aux révoltés ; cet événement d'un si funeste exemple fut applaudi à Naples
avec enthousiasme (1).

Les éléments de combustion étaient donc amon-
celés, n'attendant plus qu'une étincelle pour s'embraser. Le soulèvement était inévitable ; il ne manquait plus qu'un chef assez hardi pour en donner
le signal et pour le diriger. L'étincelle jaillit d'un
incident vulgaire et inattendu que nous allons raconter. Le chef se présenta où l'on devait le moins
songer à le trouver.

Parmi ceux qui avaient écouté le plus avidement les
discours et les instigations des fauteurs de troubles, et
parmi ceux qui manifestaient le chagrin populaire
par les expressions les plus violentes et les exclamations les plus douloureuses, se faisait remarquer un
jeune homme de la plus infime populace, gagnant
misérablement sa vie à crier dans les rues du poisson
que lui confiaient les revendeurs de la poissonnerie,

____

(1) Raphaël de Turris.

ou que lui-même achetait à vil prix aux pêcheurs. Cet être si obscur était l'homme que la Providence destinait à devenir prochainement l'idole du royaume de Naples, où son pouvoir devait surpasser celui des plus puissants empereurs. C'était le fameux Thomas Aniello d'Amalfi, que le vulgaire, par abréviation, appelait communément Masaniello, nom sous lequel il s'acquit une telle renommée, et sous lequel il passe à la postérité, dans les pages de l'histoire, et dans les chants de la poésie. Le second de ses noms a fait croire à quelques-uns qu'il avait eu pour berceau la cité d'Amalfi d'antique et célèbre mémoire ; mais son acte de baptême (1), que nous avons sous les yeux, atteste indubitablement qu'il naquit à Naples en 1620, dans le faubourg de Lavinaro, habité par la partie la plus pauvre de la population ; cela n'empêche point, il est vrai, la possibilité que sa famille fût originaire de cette côte.

Or donc Masaniello avait vingt-sept ans, l'ensemble de sa personne était agréable, son œil était noir, son regard mélancolique, sa peau bronzée par le soleil ; les traits de son visage offraient une grande

(1) Voir l'Appendice à la fin de l'ouvrage, n° 1.

régularité et ses cheveux blonds s'enroulaient en
boucles flottantes. Les misérables vêtements dont se
composait son costume de marinier, étaient propres
et disposés d'une façon originale et fantastique. Il
avait une stature moyenne, une grande agilité, la
parole facile malgré son extrême ignorance, une nature généreuse, et de l'élévation dans les idées (1). Il
habitait la place du Marché où s'amoncelle et bouil-
lonne la plèbe de la populeuse ville de Naples, et par
un hasard singulier, sur la façade de sa chétive maison, une ancienne peinture représentait l'écusson
de Charles-Quint avec une inscription en l'honneur
du monarque. Cette circonstance, futile en apparence,
pourrait cependant lui avoir inspiré ce respect qu'il té-
moigna toujours pour sa mémoire, et la pensée de rétablir les privilèges qu'on lui disait avoir été accordés
autrefois à la ville par l'empereur ; comme aussi une
tradition contribua peut-être à exalter son imagination
en éveillant chez lui l'ardent désir de figurer dans
un soulèvement populaire, c'est qu'un autre Thomas
Aniello avait été précisément l'un des chefs du peuple dans la fameuse révolte contre l'établissement du

(1) Baldacchini.

saint office, sous la vice-royauté de don Pedro de Tolède.

Masaniello avait épousé une belle jeune fille de Puzzoli, qu'il aimait avec fureur, quoiqu'elle fût loin de mériter cet amour par une conduite irréprochable, ainsi que l'a vérifié un habile investigateur de ces curieux événements, dont l'érudition nous a été d'un grand secours dans ce trayail (1). Le mari puisa sans doute dans sa tendresse pour sa femme l'ardeur qu'il mit à poursuivre son entreprise ; car divers auteurs, et le manuscrit de Capecelatro, rapportent que peu de mois avant l'époque à laquelle nous sommes arrivés, la femme de Masaniello ayant voulu introduire dans la ville, sans payer les droits, une petite provision de farine, enveloppée dans un lange en forme de nourrisson, la fraude avait été découverte, et la jeune femme, maltraitée par les gardes, s'était vu conduire en prison pour y demeurer jusqu'à l'acquittement d'une amende exorbitante. Masaniello, désespéré, avait vendu son pauvre mobilier, et réunissant toutes ses ressources jointes aux faibles secours de ses amis et de ses voisins, il était parvenu à payer

- (1) Le chevalier Scipion Volpicella.

l'amende et à délivrer sa femme, mais en jurant de se venger et en vouant dès ce jour une haine implacable aux gabelles.

C'était lui, ainsi qu'il l'avoua depuis, qui avait si habilement incendié la maison de bois du marché, et maintenant il prêchait audacieusement et publiquement la révolte.

Suivant un ancien usage, à la fête de la Vierge du Carmel, on élevait sur la place devant l'église un château de planches, qui, défendu par une troupe de jeunes garçons habillés à la turque, était assailli par une autre troupe différemment costumée ; ce spectacle divertissait beaucoup la populace. Dans les derniers jours de juin, ces bandes de vauriens se rassemblaient pour nommer leur chef, faisaient l'exercice à leur manière, et parcouraient la ville en exécutant de ridicules parades. Cette année (1647), l'un des partis prit pour chef, un nommé *il Pione*, d'une vigueur proverbiale ; Masaniello fut choisi par l'autre ; telle fut l'humble origine de son gigantesque pouvoir. Dès qu'il se vit à la tête de cette escouade, il en grossit considérablement le nombre en attirant tous les enfants perdus de son faubourg ; il les arma de

longs bâtons achetés au prix de vingt carlins dont lui
avait fait présent le cuisinier du couvent du Carmel,
il leur apprit à crier : *A bas l'impôt! vive Dieu! vive le
roi! vive l'abondance!* puis brandissant une bannière
en papier de couleur tranchante, il dirigea lui-même
à travers les quartiers les plus populeux son cortége
bruyant, sans que personne eût l'idée de mettre obstacle à une manifestation qui paraissait
n'inspirer que le rire et le dédain. Alors encouragé
par la tolérance de ceux qui auraient dû l'arrêter et
le punir tout d'abord, il poussa l'effronterie jusqu'à
passer devant le palais. Le bruit des rassemblements
dont cette troupe était accompagnée, et les cris confus qu'elle poussait, attirèrent au balcon le vice-roi
et les hauts seigneurs de son entourage; mais en leur
présence, cette canaille insolente et déguenillée se
livra à des pantomimes et à des actes d'une si révol-
tante obscénité que le duc et les siens furent obligés
de se retirer, ce qui excita dans la foule une insul-
tante explosion d'hilarité. Un pareil avertissement,
que rien pourtant n'avait provoqué et qui dut blesser si cruellement son amour-propre, ne tira pas
même le vice-roi de son inexplicable léthargie, et

comme on lui demandait un prompt châtiment pour
une semblable irrévérence, il répondit impassible-
ment qu'une ignoble mascarade ne méritait que son
mépris.

Masaniello continuait donc ses promenades à travers la ville avec les mêmes clameurs et la même
impunité. Un soir, au retour de l'une d'elles, comme
il passait seul devant le porche de l'église du Carmel,
deux hommes embusqués, qui s'entretenaient à voix
basse, l'arrêtent et lui demandent dédaigneusement :
« *Que prétends-tu faire, toi ? — Me faire pendre, ou
donner l'abondance à la cité,* répond vivement Masaniello. — *Fameux sujet pour régler les affaires de
Naples !* » s'écrient en riant les inconnus. Mais le
jeune homme repart énergiquement : « *Si j'en ren-
contrais trois ou quatre qui eussent autant de cœur
que moi, et qui voulussent franchement me seconder,
vous verriez ce dont je suis capable pour le bien du
peuple.* » Le ton solennel et décidé avec lequel ces
paroles étaient dites exerce une influence magique sur
ces deux hommes, bien disposés déjà sans doute ; ils

(1) Giraffi.

l'appellent à l'écart et lui jurent de le suivre quels que soient les difficultés ou les dangers de ses entrepri- ses. Or, ces mystérieux auxiliaires étaient, l'un : Domenico Perrone, prisonnier évadé, ancien capitaine d'*ottine*, et depuis, fameux contrebandier, portant la soutane pour se soustraire, suivant l'usage du temps, à la juridiction civile ; l'autre, Giuseppe Pa- -lumbo, autrefois capitaine de brigands, puis chef de sbires, mainte fois arrêté et jugé pour d'assez vilaines causes ; tous deux pleins d'audace, grands promoteurs de désordre et fort estimés de la populace.

Leur aide et leur expérience furent très-utiles à Masaniello, mais il suivit surtout les conseils d'un certain Giulio Genovino, enfermé pour le moment à la prison de la Vicairie. Comme nous aurons souvent à nous occuper de ce personnage, il est nécessaire de parler un peu de ses antécédents. Élu du peuple à l'époque du dernier duc d'Osuna, il avait largement contribué pour sa part à la douteuse popularité du célèbre vice-roi ; organisateur des émeutes soulevées contre le cardinal Borgia, il avait été arrêté, expédié en Espagne, et condamné au préside d'Oran à per- pétuité. La clémence royale l'en avait fait sortir à l'âge de dix-neuf ans (1). De retour à Naples, il était entré dans les ordres, non pour changer de vie, mais pour s'abandonner avec plus de sécurité à ses mauvais penchants, grâce à la protection du caractère et de l'habit clérical. Cet homme astucieux, remuant et instruit, en qui quatre-vingts années n'avaient point calmé un esprit turbulent, avide de nouveautés, reconnut tout d'abord le parti que l'on pouvait tirer des circonstances et de l'audace de Masaniello ; il souffla violemment par tous les moyens imaginables, le feu qui brûlait déjà ; il dirigea le chef populaire avec sagacité, lui donnant des conseils opportuns, lui inspirant une haine implacable contre la noblesse, et lui faisant concevoir un champ plus large que celui qui s'offrait aux vues étroites de ses premiers projets. On peut dire qu'il prit plus de part encore que Masaniello à ces terribles événements ; car si l'élan de l'impétueux jeune homme fut la force entraînante vers la catastrophe, les insinuations du perfide vieillard furent véritablement l'âme du mouvement.

On parlait, on agissait publiquement avec une telle impudence, que le vice-roi lui-même ne pouvait

(1) De Santis. — Brusoni, liv. xv.

l'ignorer. D'ailleurs l'élu du peuple Andrea Naclerio,
son familier intime, lui racontait tout ce qui se passait. Mais celui-ci avait été gagné par les fermiers du
nouvel impôt (1), et craignant que le duc ne se dé-
cidât par prudence à l'abolir, il avait soin de présenter les faits comme dépourvus de gravité, comme
dignes d'un souverain mépris. Aussi à force de s'entendre dire que le mécontentement général n'avait
pas la moindre portée, et qu'en dernière analyse on
ne manquerait point de carcans ni de chaînes pour les
meneurs imprudents qui s'aviseraient de passer des
paroles aux voies de fait, le vice-roi finissait par répéter tranquillement que tout ce qui se tramait à Naples n'était que misérable enfantillage et ridicules
démonstrations d'impuissance. Hélas! il ignorait que
les grands déchirements commencent ordinairement
par des jeux d'enfants pour finir par des jeux de
tigres.

(1) De Santis.

CHAPITRE V.

L'extrème abondance de la récolte n'empêchait
point le manque de fruits de se faire sentir à Naples.
Une dispute s'étant élevée au marché entre les revendeurs et les jardiniers sur la question de savoir.
qui devait payer la taxe, l'élu Naclerio avait prononcé contre ces derniers; ils étaient étrangers à
la ville, et leur mécontentement lui paraissait dès
lors moins fâcheux que celui des marchands, amis
de la populace et habitants de la cité. Mais les
gens de la campagne ne voulant point supporter
cette nouvelle charge, cessaient de venir là où ils
ne trouvaient plus que des vexations au lieu de
profits. Pourtant le 7 juillet 1647, un dimanche,
comme la place regorgeait d'une multitude chagrine,
qui se lamentait d'être ainsi privée de son aliment

favori, on vit tout à coup arriver de Puzzoli plusieurs jardiniers lourdement chargés apportant surtout des figues, fort renommées et fort abondantes dans cette localité. Ils rencontrèrent naturellement les gardes réclamant le payement de l'impôt. Les habitants de Puzzoli résistaient rudement à leurs exigences; ils discutaient avec les collecteurs et les marchands étalagistes; ils retardaient enfin la livraison du fruit tant désiré à la foule inquiète qui l'attendait impatiemment.

Les contestations s'envenimaient tellement, les réclamations des agents du fisc devenaient si furieuses, l'irritation de la multitude si menaçante, que le vice-roi, instruit du tumulte, envoya immédiatement Naclerio pour rétablir l'ordre le plus tôt possible et terminer le différend. Le magistrat populaire accourt au marché en toute hâte, sa présence ramène momentanément le silence; et il confirme sans ménagement la sentence contre les cultivateurs, menaçant de graves châtiments ceux qui refuseraient de s'y soumettre, en un mot, faisant parade de son autorité d'une façon aussi imprudente qu'inopportune.

Cependant les paysans ne se laissaient point inti-

mider ; fermes dans leur refus de payer, ils pour-
suivaient opiniâtrément la dispute , exposant toujours d'assez bonnes raisons, et manifestant enfin
l'intention de s'en retourner avec leur marchandise,
lorsque l'un d'eux, beau-frère de Masaniello, qu'on
soupçonne avoir été d'accord avec lui, après s'être
montré l'un des plus échauffés de la querelle, appelant l'attention générale, s'écria effrontément d'une
voix éclatante : *Dieu nous donne l'abondance et le
mauvais gouvernement nous la retire. Puisque je ne
peux rien gagner par mon travail, que les pauvres
jouissent de mon bien avant que les gardiens me le
volent.* Et renversant ses paniers, il répandit tous
les fruits dont ils étaient remplis. De là jaillit l'étincelle qui devait allumer l'incendie.

Les enfants des rues se précipitent sur les figues
et les prunes qui roulent de tous côtés ; les *gabellieri* s'y opposent avec ténacité, et Masaniello arrive suivi de sa bande pour aider à ramasser le
fruit, mais il exhorte la foule à ne point le manger, donnant lui-même l'exemple de le jeter inso-
lemment à la tête des gardes et même de l'élu Naclerio. Celui-ci demeurait inébranlable, menaçant

des galères et de la potence les instigateurs du désordre ; Masaniello saisit une grosse pierre, et la lui lança
si juste qu'il l'atteignit en pleine poitrine. Ce coup
terrible, la grêle de projectiles dont il fut suivi, et le
cri unanime d'*à bas les gabelles!* mirent les collecteurs en fuite, et l'élu dans un grand danger. Cependant, aidé par Antonio Barbara, *capitaine de justice,*
et par quelques honnêtes voisins, il se sauva dans le
couvent du Carmel, contigu au marché, en sortit
du côté du quai et, se jetant avec rage dans un canot,
parvint à gagner l'arsenal, et de là le palais pour
rendre compte de tout au vice-roi (1).

Quand les agents du fisc eurent disparu, quand
l'élu fut parti, le peuple resta plongé dans une morne
stupeur, comme effrayé de ce qu'il venait de faire ;
mais sans perdre un instant Masaniello et les siens
livrent aux flammes le bureau de la perception avec
son mobilier, ses registres, et l'argent de la recette ;
puis montant sur un banc au-dessus duquel l'incendie semble former un dais de feu et de fumée, le
hardi poissonnier crie d'une voix claire et pénétrante :
Vive Dieu! vive la Vierge du Carmel! vive le pape!

(1) Giraffi. — De Santis. — Comte de Modène. — Capecelatro, M. S.

*vive le roi d'Espagne ! vive l'abondance ! mort au mau-
vais gouvernement! à bas les gabelles!* Un enthousiasme
unanime répète ces exclamations qui semblent sorties
d'une seule poitrine et proférées par une seule bouche ; une agitation fébrile s'empare de cette masse
compacte, grossie à tout moment par de nouvelles
bandes que vomissent toutes les avenues comme des
torrents furieux, le bruit des événements du marché ayant couru rapidement dans la ville. Enfin
les agitateurs s'emparent de la tour du Carmel, et les
cloches sonnées à toute volée annoncent la naissance de l'insurrection.

Cette immense place devenait déjà trop étroite
pour le bouillonnement de la multitude qui, bien
que n'ayant encore ni plan ni direction arrêtée, comprit par instinct qu'il fallait se mouvoir et porter
le tumulte en avant. *Au palais ! au palais !* firent entendre plusieurs voix, la confusion fut à son comble,
et des colonnes vociférantes se mirent en marche
dans diverses directions. L'une d'elles se rua vers le
faubourg de Chiaja dans le dessein de brûler un autre bureau de recette, ce qui fut exécuté. De là, d'après
l'avis de quelques meneurs qui sentaient la nécessité

de donner un chef au mouvement pour le régulariser,
on se rendit au palais de Don Tiberio Caraffa, prince
de Bisignano, mestre de camp général, et personnage très-bien vu du peuple, auquel on demanda de
se mettre à la tête des masses, afin de solliciter près du
vice-roi, au nom de tous, l'abolition du fameux impôt.

Quant au duc d'Arcos, il entendait les rumeurs de
l'émeute se rapprocher de son palais, instruit déjà
par l'élu Naclerio et par d'autres fugitifs de ce désordre si rapidement propagé du marché au reste de la
ville. Mais au lieu de doubler sa garde, d'expédier
des ordres aux forts et aux casernes, de ranger les
troupes espagnoles et allemandes qui, bien que très-
faibles numériquement, étaient néanmoins capables
d'opposer une puissante résistance ; au lieu de monter
à cheval avec la noblesse qui tout entière l'eût résolûment secondé, comprenant bien qu'elle était inté-
ressée au maintien de l'ordre ; au lieu enfin de soutenir dignement l'honneur des armes royales et sa
propre autorité, il se contentait de ne point agir et
d'attendre les événements entre quatre murs ; et cependant il ne devait pas se faire illusion sur la gravité de la révolte, puisqu'à la première nouvelle il

avait mis en sûreté sa femme et ses enfants au fort de
Castelnuovo.

Il était dans une perplexité extrême, très-abattu
d'âme et de corps; car, suivant le témoignage de l'historien Santis, il prenait pour se réconforter un biscuit
trempé dans du vin, au moment où déboucha la
multitude déchaînée, précédée de ce grondement
effroyable qui annonce une inondation. Alors il vit,
de ses fenêtres, arriver de tous côtés une mer hou-
leuse qui, après avoir entièrement envahi la grande
place, lançait contre le palais ses vagues furibondes.
Les quelques soldats isolés, placés aux portes, n'eurent pas même le temps de se mettre en défense ; ils
furent emportés par le flot populaire, hurlant et faisant irruption dans les cours, les vestibules et les
corridors. Bientôt les révoltés montent en foule le
grand escalier, renversent les gardes, arrachent leurs
hallebardes, et se précipitent sans obstacle dans
les appartements, dont les portes fermées volaient
en éclats sous la pression du torrent.

Déjà les salons royaux étaient profanés par la plus
immonde populace, lorsque arriva la bande d'insurgés qui s'était dirigée vers Chiaja; à sa tête ap-

paraissait le prince de Bisignano. Quoique ce brave gentilhomme fût retenu ce jour-là sur son lit par un accès de goutte, il s'était fait mettre à cheval pour voir s'il pourrait conjurer les maux prêts à fondre sur son pays. Le prince, justement respecté de tous, s'ouvrit un passage jusqu'au cœur du palais, et contint heureusement la foule au moment où commençait à céder la porte d'un cabinet dans lequel s'était retiré le vice-roi avec le père Giovanni, général des Franciscains, célèbre par sa piété, le prince de Satriano et quelques autres personnes de marque. Il eut beaucoup de peine à persuader aux assaillants qu'il devait entrer seul ; il y parvint cependant à force d'exhortations et de promesses.

A peine le duc l'aperçut-il qu'il lui dit : *Précisément j'allais à l'instant vous envoyer chercher. — Eh bien, Seigneur,* repartit le prince en l'interrompant, *me voici devant Votre Excellence ; je viens la conjurer, au nom du ciel, de révoquer sans retard l'impôt qui pèse sur le peuple, afin de rappeler la tranquillité et d'écarter les désastres qui nous menacent. — Si l'on pouvait réunir le conseil collatéral, nous nous occuperions de cette affaire,* répondit le duc, toujours indécis ; et comme

le prince et les autres personnages se disposaient à lui
exprimer vivement que l'état des choses ne permettait
plus de pareilles temporisations, les insurgés leur en
évitèrent la peine. Ennuyés d'attendre, ils achevèrent d'enfoncer la porte et pénétrèrent dans le
cabinet en répétant avec furie leur cri infernal : *A bas
les gabelles ! mort au mauvais gouvernement !* Pâle et
tremblant lorsqu'il se vit serré de si près, le vice-roi
cria d'une voix haute, mais visiblement émue : *Sí,
hijos mios, todo se hará luego* (oui, mes enfants, tout
se fera bientôt) ; paroles que l'historien contemporain
Rafael de Torres tenait d'Octaviano Sauli, présent à
cette scène, et qu'en raison de leur authenticité
il laisse en espagnol dans son ouvrage latin.

Cette promesse du duc, les efforts du prince de
Bisignano, et par-dessus tout les exhortations du père
Giovanni qui jouissait d'une grande vénération, don-
nèrent au vice-roi le temps d'écrire, de signer et de
sceller diverses ordonnances, abolissant entièrement
l'impôt sur les fruits, et réduisant de moitié celui des
farines. Il se pencha sur son balcon et les jeta au
peuple, après avoir inutilement cherché à faire entendre sa faible voix au milieu des clameurs généra-

les. Mais quand la foule en eut pris connaissance, elle manifesta qu'elle ne se contenterait plus de si peu, qu'elle voulait l'abolition de toutes les gabelles, et elle demanda que le vice-roi descendît sur la place pour écouter ses réclamations.

Cette démarche coûtait beaucoup au duc d'Arcos. Il voulut s'échapper par une porte secrète afin de se rendre à Castelnuovo ; mais on lui dit que les ponts étaient levés et les herses baissées. Alors, se voyant au pouvoir des révoltés dans son propre cabinet, cédant aux conseils de ceux qui l'entouraient et qui l'accompagnèrent, il fit de nécessité vertu, descendit par un escalier dérobé et se présenta à la porte principale, où il reçut d'odieuses insultes mêlées à d'humbles adulations : les uns accourant lui baiser la main, à genoux et la tête découverte ; tandis que d'autres le menaçaient de la parole et du geste, en faisant d'horribles signes de le mettre en pièces. Pressé violemment au milieu de cette mêlée dont les cris discordants rendaient toute explication impossible, il commençait à courir de grands dangers, lorsque fort heureusement, grâce aux efforts des gentilshommes qui l'entouraient, secondés par quelques hommes du peuple auxquels la force de l'habitude inspirait encore le respect de l'autorité, il parvint à rentrer dans le palais. Le hasard voulut que le carrosse d'une personne de sa suite se trouvât justement dans la cour; il y saute avec le prieur de la Roccella et deux autres seigneurs, en donnant l'ordre de sortir par une porte latérale pour le conduire immédiatement à l'église de Saint-Louis des pères minimes, située vis-à-vis du palais. Le cocher essaye vainement de fendre cette foule compacte qui, reconnaissant aussitôt le vice-roi, serre le carrosse de telle manière qu'il flottait sans toucher le sol, suivant les ondulations de la foule, comme un vaisseau sans gouvernail et sans voiles abandonné aux caprices du vent. Le duc était fort inquiet et ses compagnons fort troublés ; ils le furent bien davantage lorsqu'ils virent bon nombre d'épées et de piques les menacer de près. Dans le lointain apparaissaient des arbalètes et des arquebuses. Des gens de la lie du peuple s'élançaient sur le marchepied , poussant l'insolence jusqu'à porter les mains sur la personne du vice-roi, et à le tirer par la moustache (1). Ainsi marchait le délégué

(1) Comte de Modène.

des monarques espagnols, l'autorité suprême du royaume !

Dans une situation si critique il eut recours à un expédient connu qui manque rarement son effet. Il se mit à lancer au peuple des poignées de monnaies d'or, dont il avait fait provision pour sa fuite. On entendit bien crier fièrement : *Nous ne voulons point de ton or, nous voulons que tu remédies à notre misère en abolissant d'injustes impôts;* mais les plus rapprochés du carrosse se ruèrent sur l'appât jeté à leur cupidité ; il se fit un vide maintenu par les gentilshommes, par des personnes bien intentionnées et par quelques soldats espagnols accourus fort à propos ; les chevaux poussés vivement s'ouvrirent un passage jusqu'à Saint-Louis ; le vice-roi s'y réfugia ; l'église et le couvent furent à l'instant barricadés.

La multitude furibonde se tourne contre le nouvel asile de la victime qu'elle voudrait déchirer, vociférant ces mêmes cris : *Vive le roi d'Espagne ! mort au mauvais gouvernement!* Tout à coup une balle d'arquebuse partie du palais frappe mortellement un des hommes du peuple les plus forcenés. Un instant de panique en résulte ; mais cet incident accroît la fu-

reur populaire au delà de tout ce que l'on peut imaginer. Les uns s'emparent du palais, massacrant tous
les Espagnols qu'ils rencontrent, détruisant tout ce
qui leur tombe sous la main, précipitant par les fenêtres les meubles enfoncés, les glaces brisées et les
draperies en lambeaux. D'autres mugissent comme
des bêtes féroces autour du couvent qu'ils viennent
assaillir ; d'autres, enfin, placent sur une chaise le
cadavre inconnu, et, criant *aux armes!* promènent à
travers les faubourgs cette bannière d'une insurrection désormais impossible à conjurer.

Le cardinal Filomarino, instruit de l'origine et
des progrès de l'émeute, d'abord par la rumeur
publique, ensuite par des avis réitérés, vole au secours du vice-roi dès qu'il apprend son alarmante
position. La vénération attachée à la personne de
l'archevêque permet au prélat d'arriver à Saint-
Louis, sans obstacle. Le peuple, qui enfonçait déjà
les portes d'une dépendance du couvent où s'é-
taient réfugiées plusieurs dames palpitantes d'effroi,
entoure respectueusement son carrosse et le supplie
d'arracher l'abolition des gabelles au tenace vice-
roi, tout en répétant ses vivats et ses cris de mort. Le

cardinal leur promet de remplir ce message, leur
dit qu'il est venu dans cette intention; mais que
pour obtenir un plein succès, il serait indispensable
qu'ils se continssent. Il calme ainsi momentanément le désordre, et s'introduit dans le couvent
avec toutes les précautions de circonstance, de peur
que quelques-uns des plus résolus ne s'y élancent
après lui.

Nous n'avons pu ni deviner ni soupçonner pourquoi le vice-roi ne jugea pas à propos de le recevoir
et de s'aboucher avec le cardinal; toujours est-il qu'a-
près l'avoir fait attendre un instant il lui envoya par
un gentilhomme un papier signé et scellé de sa main,
contenant l'abolition de la maudite taxe et la réduc-
tion de celle des farines. Filomarino était assez mécontent du résultat de sa visite; mais étouffant géné-
reusement tout ressentiment en présence de la situation critique, il ne songea qu'à sauver le vice-roi d'une
catastrophe, et le peuple napolitain d'un grand
crime. Il sort du couvent, remonte dans son carrosse,
et montre le papier à la foule, d'un air souriant et
satisfait, en annonçant qu'il va le lire et le publier sur
la place du Marché. Il détourne ainsi l'attention gé-

nérale, ordonne secrètement à son cocher de prendre par le haut de la rue de Tolède, et réussit, en attirant derrière lui cette agglomération humaine, à
dégager Saint-Louis dont les environs demeurent
presque déserts.

Bientôt pourtant le peuple, entraîné à une certaine
distance, s'aperçoit qu'on l'emmène dans une direction opposée. Il commence à concevoir de la défiance; il exige qu'on lui lise ce papier derrière lequel
il marche comme par enchantement, et cette satisfaction ne peut lui être plus longtemps refusée. Reconnaissant alors combien les concessions sont loin de
répondre à son attente, puisqu'il prétendait désormais
à l'abolition de toutes les gabelles, il abandonne
l'archevêque, et s'écoule par bandes furibondes. Les
unes parcourent la ville afin d'incendier tous les bu-
reaux du fisc ; d'autres retournent à Saint-Louis pour
massacrer le vice-roi. Les premières atteignirent facilement leur but, mais celles qui voulaient du sang
ne retrouvèrent plus l'objet de leur fureur.

CHAPITRE VI.

Le duc d'Arcos avait mis à profit, sans perdre de temps, l'éloignement de l'implacable multitude ; aidé par les moines, il avait franchi les murs d'une cour, et traversant plusieurs maisons contiguës il était ar‑rivé jusqu'au couvent des pères théatins de Pizzo-Fal‑cone. Là, il s'était enfermé dans une chaise à porteurs confiée à des soldats espagnols, pour n'avoir pas à redouter la trahison de porteurs napolitains ; puis il s'était dirigé vers le château Saint-Elme, bâti sur un rocher qui domine la ville. Cette retraite lui causa de grandes fatigues ; car la côte est‑très rude, et dans certains passages difficiles il fut obligé de mettre pied à terre et‑de marcher exposé au soleil malgré son ex trême obésité (1).

(1) De Santis.

La fuite du vice-roi irrita la fureur des révoltés ; ils égorgèrent tous les Espagnols et tous les Allemands auxiliaires qu'ils purent rencontrer, et les mutilèrent avec une férocité sans exemple. Puis, s'emparant de leurs armes, ils se divisèrent en groupes nombreux, afin de généraliser rapidement l'insurrection.

Le prince de Bisignano, dès qu'il avait vu attaquer la personne du vice-roi, reconnaissant l'inutilité de ses efforts et ne voulant pas autoriser un tel désordre par sa présence, avait eu le désir de se soustraire et de se cacher. Mais les plus sagaces s'en doutèrent ; et, comme c'était un gage de sécurité d'une grande importance, que de faire participer un si haut personnage à leurs excès, ils le cernèrent et le surveillèrent de telle sorte qu'il fut contraint de dissimuler son dessein, et même de détourner les soupçons par ses discours, se laissant d'ailleurs emporter de côté et d'autre, suivant l'impulsion des masses. Il arrive ainsi, pour la quatrième ou la cinquième fois, à la place du Marché, centre et foyer permanent de l'émeute. Sous prétexte de se reposer un instant et de réciter quelques prières à la Vierge, il entre dans l'église du Carmel,

suivi d'autant de gens qu'elle en pouvait contenir.
Il monte à l'autel, saisit le crucifix, et commence
des exhortations au calme et à la modération,
promettant que l'archevêque et les autres dignitaires
amis du peuple obtiendront du vice-roi tout ce qui
sera conciliable avec le bien général. Le bon effet
produit sur les assistants par sa harangue fait espérer
au prince qu'il persuadera de même la foule station-
nant au dehors. Il sort donc, remonté à cheval, et
poursuit ses tentatives de pacification ; mais cette fois
elles demeurent complétement infructueuses et, loin
de calmer les esprits, ne servent qu'à les irriter. Tous
se mettent à crier qu'on ne peut plus se fier à aucune
promesse ni à aucune intercession ; et, plus exaspérée
que jamais, l'insurrection, qui compte près de cinquante mille hommes, se déchaîne sans frein, ouvrant
les prisons, assouvissant ses vengeances personnelles
et formant déjà le projet de s'emparer de San-Lorenzo
et de sa grosse tour, qui renfermait un dépôt d'armes
et de canons.

La nuit s'approchait ; les pères théatins et ceux de
la compagnie de Jésus, soit de leur propre mouvement, soit par ordre de l'archevêque, sortirent de

leurs couvents avec la croix et les cierges, pensant
que leurs admonestations et leurs prières pourraient
contribuer au rétablissement de la tranquillité. Bien
qu'accueillis sur leur passage par des insultes inusitées
de la populace et par d'amères récriminations, malheureusement fondées, sur la quantité de biens qu'ils
possédaient exempts de tous droits et gabelles, ils
n'en continuèrent pas moins leur marche solennelle,
et arrivèrent presque en même temps les uns et les
autres à la place du Carmel. Ils s'y trouvèrent fort
mal à l'aise, au milieu d'une foule serrée, qui ne
s'ouvrait point devant eux et qui leur criait avec
furie : *Retirez-vous, les pères; rentrez dans vos couvents, et, puisque vous n'en sortiez point pour empêcher qu'on ne nous écrasât d'impôts, n'en sortez pas davantage aujourd'hui pour mettre obstacle à notre libé-
ration!* Aussi, craignant sans doute que les séditieux
ne se bornassent point aux paroles, ils terminèrent la
procession et se retirèrent au plus vite.

Ce soir-là, une partie de la populace assaillit San-
Lorenzo ; mais cette position fut défendue si vigoureusement par les soldats espagnols, que les agresseurs reculèrent, assez rudement maltraités. Plus

heureux dans une expédition contre les prisons, ils
inondèrent la ville de tous les malfaiteurs qu'elles
contenaient, fournissant ainsi de nouveaux renforts à
l'insurrection. La seule prison respectée fut celle de
la vicairie, parce qu'elle avait été le palais de Charles-
Quint, dont le nom produisait un grand effet, et parce
qu'elle dépendait de la juridiction de l'archevêque.
Pendant ce temps, d'autres émeutiers envahissaient
la demeure d'un certain Vagliano, financier immen-
sément riche, trésorier de l'impôt sur les farines; ils
la saccageaient et la détruisaient de fond en comble,
amoncelant dans la rue les meubles, les tableaux, les
tapisseries, pour en faire un immense brasier, au milieu duquel on jetait même l'argent et les bijoux. Et,
comme un de ces hommes cherchait à retirer des
flammes une petite monnaie ou quelque objet sans
valeur, tous les autres se ruèrent sur lui, criant bien
haut *qu'il ne s'agissait point de voler, et que les
voleurs seraient pendus* (1)!

Ils pillèrent bientôt les boutiques d'armuriers, et
se montrèrent armés de piques, de hallebardes, d'arbalètes et de quelques arquebuses; puis, ne pouvant

(1) Giraffi. — De Santis.

réussir à s'emparer d'un magasin où l'on gardait plusieurs barils de poudre, ils mirent le feu à la maison qui, sautant avec une explosion épouvantable, enleva plus de quatre-vingts cadavres, et répandit une nouvelle terreur dans la cité.

La nuit survint : exténué d'une journée entière passée à cheval, complétement désillusionné sur son impuissance à dominer cet effroyable désordre, mourant de soif et de faim et, de plus, cruellement tour--menté par ses douleurs de goutte, que la fatigue et l'inquiétude avaient redoublées, le prince de Bisignano songea aux moyens de sortir du labyrinthe et de se mettre en sûreté. Il fit observer aux moins déraisonnables de ces furieux, par l'entremise de ceux qui lui témoignaient encore de l'obéissance et du respect, qu'on devait se reposer, afin de retourner plus vigoureusement le lendemain à l'assaut de la tour San-Lorenzo, dont l'occupation devenait indispensable ; qu'il était également nécessaire de passer la nuit en bon ordre, pour que le peuple ne courût pas les dangers d'une surprise ; qu'il fallait donc se former en plusieurs corps, destinés à garder les places principales, et que les uns veilleraient activement à la sécurité générale, tandis que les autres dormiraient ou prendraient quelque nourriture. Ces représentations sont accueillies très-favorablement par des gens épuisés et affamés. Le prince s'empresse de donner de son mieux les ordres et les instructions de circonstance ; il divise les masses, il assigne un poste à chacun, malgré la confusion universelle, et ne conserve auprès de lui qu'une petite réserve composée de ses partisans; puis, dès qu'il se voit moins surveillé, il s'éloigne avec circonspection, et parvient à gagner Castelnuovo.

De son côté, le duc d'Arcos avait changé d'asile, protégé par l'obscurité de la nuit. Le château Saint-Elme dominait avantageusement la ville, et son gouverneur était don Martin Galiano, fameux par l'héroïque défense de Valenza del Po, en Lombardie ; mais à peine y avait-on pour trois jours de vivres et pour quelques heures de munitions : ce qui décida le vice-roi à s'enfermer de préférence à Castelnuovo, dont la situation d'ailleurs était plus favorable encore à cause du voisinage de la mer. Il entoura sa sortie des mesures les plus prudentes, et ne quitta le fort qu'après lui avoir assuré de prochains secours, par les soins des pères chartreux. Ces religieux surent en

effet, le ravitailler très-adroitement, grâce à la générosité de don Pedro Caraffa qui paya tous les frais.

Le vice-roi était convenu avec le gouverneur de
certains signaux, au moyen desquels il l'avertirait
d'ouvrir ou de cesser le feu contre la ville, suivant
qu'il le jugerait nécessaire. Il avait envoyé des
hommes sûrs, pour ordonner aux garde-magasins, de
noyer toutes leurs poudres, dans l'intérieur de Naples.
A minuit, accompagné des membres du conseil, de
plusieurs gentilshommes, de magistrats et d'une
nombreuse escorte de soldats espagnols, il fit son entrée à Castelnuovo où l'attendaient sa famille, l'infortuné prince de Bisignano, les hauts fonctionnaires
publics et les gens les plus compromis vis-à-vis de la
populace. Le gouverneur du château, don Nicolas de
Vargas Machuca, s'était largement approvisionné et
réparait avec soin ses fortifications.

La nuit s'avançait ; Naples offrait un aspect véritablement effrayant ; cette immense multitude, armée
déjà en grande partie, occupait les places par masses
séparées, sans chefs et sans accord. De longues colonnes parcouraient les rues en désordre, des groupes tumultueux se donnant le nom d'avant-gardes

s'étaient portés sur divers points afin de surveiller les forts, la plage, et les portes de la ville. De tous côtés partaient des cris furibonds, des vivats, des menaces de mort, et circulaient mille bruits absurdes et contradictoires, mille fausses nouvelles, mille projets pour le lendemain. Mais nulle part ne se révélait la moindre pensée, ne se prononçait la moindre parole d'indépendance, de nationalité, ni de changement de domination. Partout, au contraire, on manifestait des sentiments d'amour, de soumission et de fidélité au roi d'Espagne ; personne enfin ne se croyait rebelle. Ici la lueur de l'incendie rougissait les édifices, là résonnait un coup d'arquebuse dont l'auteur demeurait inconnu comme la victime ; plus loin, une terreur panique s'emparait d'un groupe qui fuyait en jetant tout un quartier dans l'épouvante. Les gens opulents, voués à la haine des classes infimes, s'échappaient à la faveur des ténèbres, tantôt seuls, tantôt suivis de leurs familles atterrées, abandonnant leurs maisons, leurs intérêts, leurs richesses. Les uns se réfugiaient autour des forts, d'autres parvenaient à force d'or à s'embarquer sur les bateaux de Sainte-Lucie, de Chiaja ou de Mergelina ; un grand nombre enfin s'éloignaient par terre de la ville pour se cacher dans les métairies ou dans les bois.

La place du Marché était toujours le quartier général du soulèvement. Masaniello y stationnait avec sa bande; mais il n'avait encore exercé aucune autorité, ni imprimé aucune direction au mouvement, quoiqu'il eût pris part, avec une activité prodigieuse et une audace satanique, aux plus importants événements du jour. Vers le milieu de la nuit, s'arrêtèrent sur la place quatre personnages masqués, du nombre de ceux qui, revêtus de robes et de capuchons de confréries, s'étaient montrés sur tous les points pour fomenter la sédition. L'un d'eux leva son masque, et laissant voir, à la clarté de la lune et des torches, qu'il était l'octogénaire Giulio Genovino, il appela l'attention générale et fit une longue harangue à la multitude. Il approuva fortement que le cri du peuple fût: vive le roi d'Espagne et meure le mauvais gouvernement; *parce que, dit-il, il ne s'agit pas d'enlever au roi sa couronne et souveraineté de Naples, mais seulement d'apporter remède à l'injustice et à la rapacité de ses ministres et délégués.* Exhortant avec véhémence son auditoire à ne point déposer les armes avant d'avoir obtenu le redressement de ses griefs, il attisait la haine contre la noblesse qu'il peignait comme la source de toutes les misères du pays, et trouvait le moyen d'éveiller adroitement l'espoir d'égaler les droits du peuple aux siens dans les *sédiles*. Il termina son discours assez éloquent en manifestant la nécessité urgente d'avoir un chef suprême, qui régularisant les efforts de tous, dirigeât l'insurrection de manière à lui assurer d'heureux et féconds résultats.

Ces paroles du sagace vieillard impressionnèrent vivement la foule, qui par instinct déjà sentait le besoin d'être bravement et habilement commandée. Palumbo, Perrone et leurs compagnons les plus en faveur s'entendirent avec Genovino et commencèrent à répandre le nom de Masaniello, connaissant son audace et pensant qu'il serait facile de dominer son incapacité.

La tentative réussit à merveille et l'adhésion populaire fut d'autant plus rapide qu'on venait d'apprendre la fuite du prince de Bisignano, et la translation du vice-roi à Castelnuovo. Les esprits fermentent de nouveau, les masses s'émeuvent et se déchaînent; les cloches du Carmel et des autres tours font entendre

un glas épouvantable ; des groupes armés de torches
sillonnent partout la cité ; les clameurs, le désordre,
la confusion sont à leur comble, et Masaniello est
proclamé chef unique et tout-puissant du peuple ré-
volté.

CHAPITRE VII.

Tandis que sur les places publiques, en plein air, sous la voûte immense d'un ciel étoilé, la sédition se consolidait, dans le sombre séjour de Castelnuovo on discourait sur la façon de la dompter et de la dissiper : non par des moyens violents et décisifs, dès lors impraticables ; non par le secours des soldats, trop peu nombreux et déjà démoralisés sans avoir combattu ; mais par la ruse, et par les moyens occultes, en profitant avec adresse des moindres circonstances, et en opposant les unes aux autres les passions et les haines des insurgés. On résolut de poursuivre ce plan avec un tact, une activité, une énergie, qu'il eût été plus juste et plus généreux d'employer d'abord à ne point provoquer le conflit et plus tard à le conjurer lorsque ses premiers symptômes commençaient à se manifester.

Le vice-roi se proposait donc de recouvrer, par la patience et l'habileté, tout ce que lui avaient enlevé son imprévoyance et son entêtement. L'autorité de fait lui échappant, il voulait conserver à tout prix l'autorité de droit. En conséquence , il encourageait le peuple à lui adresser des pétitions , fussent-elles inadmissibles, pourvu qu'elles constituassent un acté formel de subordination au chef unique du royaume, et les mêmes motifs l'entraînaient à ratifier les nominations faites par les factieux ainsi que leurs mesures gouvernementales bonnes ou mauvaises. Décidé à voir venir les événements sans agir, tout en les exploitant habilement, il songea que l'influence du cardinal Filomarino , fort mal disposé pour la noblesse, pourrait servir utilement ses projets ; quant à la noblesse elle-même, il se promit de la compromettre de telle sorte que si son intervention demeurait infructueuse elle éveillât du moins la méfiance de la populace et rendît impossible une alliance redoutable dont la première conséquence serait de changer la révolte en dangereuse rébellion. Le duc fut très-heu-

reux de trouver réfugiés à Castelnuovo un nombre de
seigneurs et de gentilshommes, tous disposés à le seconder avec zèle et loyauté : des capitalistes, des
financiers, des fonctionnaires publics, gens qui n'as-
pirent jamais qu'au rétablissement de l'ordre, et le
conseil collatéral prêt à légaliser ses déterminations.

Le conseil collatéral des vice-rois de Naples se
composait de quatre magistrats, deux Espagnols et
deux Napolitains, sous la présidence d'un régent. Il
renfermait bien en outre quelques assesseurs qui, ne
portant point la toge, s'appelaient conseillers de robe
courte; mais les robes longues, ainsi qu'il arrive d'ordinaire, avaient peu à peu étendu leurs pouvoirs aux
dépens de leurs compagnons, jusqu'à demeurer maîtres exclusifs des délibérations et par conséquent du
pouvoir. Cette corporation, créée par Ferdinand le
Catholique, lorsqu'il conçut d'injustes soupçons sur
les nobles et loyales intentions de Gonzalve de Cordoue, était destinée à contrôler sans l'affaiblir la puissance des vice-rois. Le conseil collatéral, qui devait
être consulté sur toutes les affaires graves, n'avait en
aucun cas le droit d'imposer son sentiment au chef
de l'État; son approbation n'était indispensable que

pour les décrets ayant force de loi; mais on comprend pourtant qu'elle fut un grand allégement de responsabilité dans les circonstances difficiles, et le duc d'Arcos comptait bien s'en prévaloir.

A Castelnuovo s'était également réfugié le duc de Madalloni, seigneur d'illustre maison, jouissant d'une opulence héréditaire, mais tristement célèbre par le désordre de ses mœurs. On l'avait arrêté quelques jours auparavant à cause de la protection effrontée qu'il accordait ouvertement aux brigands de la campagne et aux malfaiteurs de la cité; et quelques-uns le soupçonnaient même d'avoir participé à l'incendie de la galère capitane, dont il sera parlé en temps et lieu (1). Toutefois, ce dernier reproche nous semble peu fondé, aucun des auteurs ses contemporains et ses compatriotes n'en faisant la moindre mention à son sujet.

Il parut au vice-roi que la coopération d'un tel homme pourrait lui être fort utile, pourvu qu'il ne s'y mêlât point de trahison. Il entra donc en conférence avec lui, le sonda sur tous les points, s'assura de sa bonne foi; et, convaincu d'ailleurs que son incapacité personnelle l'empêcherait de travailler pour

______

(1) Comte de Modène.

son propre compte, il ne songea plus qu'à mettre en
jeu ses relations avec Perrone et Palumbo, et surtout
son intimité avec le fameux Genovino.

Le duc passa la nuit entière à méditer ces plans.
Mais tout en préparant de loin leur exécution, il avait
l'oreille attentive aux rumeurs de la ville ; et, ne voulant pas en abandonner entièrement l'occupation, il
envoya quelques troupes débarrasser les abords du
château, garder le palais, qu'un pont réunissait à la
forteresse, et s'établir militairement à Pizzo-Falcone,
position élevée des plus importantes. Tout cela fut
exécuté sans bruit et sans avoir à batailler avec la
populace, toujours concentrée sur la place du Marché et sur quelques autres points éloignés.

Le soleil vint éclairer de nouveaux attentats et
d'effroyables vengeances. Partout retentissaient le son
des tambours et des trompettes, le cliquetis du fer,
et les clameurs de la multitude, considérablement accrue par les habitants des villages voisins, qui accou-
raient pour faire cause commune avec ceux de la capitale, brandissant leurs outils de labourage convertis
en instruments de guerre. On voyait aussi des femmes et des enfants se fabriquer des armes atroces et

se livrer à mille bravades, en affectant de mépriser
le danger.

Le jour avait rendu le mouvement aux masses populaires que commençait à diriger le poissonnier Masaniello. Elles possédaient déjà bon nombre de mous-
quets et d'arquebuses et même sept canons de petit
calibre, déterrés dans la cour d'un armateur, d'après
les indications d'une servante. Les bandes armées
parcouraient la ville, fouillant les maisons, inspec-
tant les magasins publics et demandant partout des
munitions. Leur exaspération devint terrible en trou-
vant toutes les poudres mouillées. Si les plus intelli-
gents s'occupaient de les faire sécher au soleil, d'autres cherchaient, afin de le massacrer, un certain
Buzzacarino, garde-magasin, coupable d'avoir exécuté
ponctuellement les ordres du vice-roi. Mais il avait eu
l'heureuse prévoyance de se mettre en lieu sûr; on
fut réduit à saccager son habitation.

Bientôt les insurgés apprennent qu'une vaste pou-
drière existe au faubourg de Mandaracho. Ils s'y précipitent tumultueusement; ils oublient l'explosion
de la veille et pénètrent dans les caveaux sans éteindre leurs mèches d'arquebuses. L'amas de poudre

était énorme; le feu se communique, le magasin saute
avec tous les envahisseurs, renversant les édifices conti-
gus, et donnant une secousse épouvantable à la ville
entière. Mais tandis que les uns s'enfuient pleins d'effroi, et que d'autres se rapprochent pour tirer des
décombres les blessés gémissants qui crient au secours,
un détachement du peuple se rend au palais de don
Ferrante Caracciolo, duc de Castel de Sangro, où l'on
s'empare d'un dépôt considérable d'excellentes armes.

L'impression produite par la catastrophe des poudres, la triste vue des malheurs qui en étaient résul-
tés, les disputes pour le partage des armes nouvelle-
ment acquises, les paroles irritantes, les nouvelles
absurdes qui circulaient, avaient tellement boule-
versé les esprits, qu'il régnait une véritable frénésie
de désordre, de destruction et de vengeance. Le
vice-roi crut devoir prévenir le gouverneur de San-
telmo de tenir son artillerie prête à répondre au premier signal.

Cependant il ne jugeait pas encore le moment venu
d'employer ces moyens extrêmes; et, pour distraire
un instant la fureur des séditieux, ou pour tenter de
les calmer, ou bien encore pour commencer à dis-

créditer la noblesse vis-à-vis de la populace, il pria le prince de Bisignano, malgré son insuccès de la veille, peut-être même à cause de cet insuccès, de retourner à la place du Marché, chargé de nouvelles propositions. Le brave gentilhomme y consentit à regret, mais de bonne foi, désireux de montrer son zèle à servir la couronne. Il sortit de Castelnuovo, accompagné d'Hector Ravaschiere, prince de Satriano. Tous deux appartenaient aux familles les plus illustres du royaume, tous deux avaient au cou l'ordre insigne de la Toison d'or; ils portaient au peuple un édit du vice-roi, contenant l'abolition entière des taxes sur les fruits et les farines.

Ils arrivent, non sans peine et sans danger, jusqu'à la place du Marché, recueillant alternativement sur leur passage des injures ou des louanges, des imprécations ou des vivats. Puis, entourés d'un rassemblement compact, en présence de Masaniello et des autres chefs de la révolte, ils réitèrent leurs exhortations et lisent d'une voix sonore les offres dont ils sont porteurs. — Les insurgés, enivrés de leurs premières victoires, rêvaient déjà de bien autres prétentions. Ils s'irritent de tant de promesses inaccomplies ; ils s'agitent autour des deux gentilshommes, avec une furie contagieuse qui gagne en un clin d'œil les rangs les plus éloignés ; et, poussant de hideuses vociférations, outrageant le nom du duc d'Arcos, insultant ses nobles messagers, ils demandent l'abolition de tous les impôts extraordinaires établis par les vice-rois, et la remise immédiate du privilége original de Charles-Quint, où se trouvaient clairement et formellement consignées les exemptions dont la ville devait jouir. — Fort mécontents et fort rebutés, les deux seigneurs allaient se retirer, lorsque survient le prince de Montesarchio, avec une nouvelle commission du duc. Mais on ne le laisse point parler ; le vacarme, les menaces, les gestes féroces deviennent tels que les trois princes n'ont que le temps de regagner leur asile au plus vite, pour éviter d'être mis en pièces par la populace. C'était l'adroit et persévérant Giulio Genovino qui avait réveillé le souvenir de ce fameux document ; et, pour exciter le peuple à le réclamer avec une persévérance ardente, il le lui avait représenté comme la panacée universelle, capable de guérir toutes ses misères et tous ses maux.

La fureur populaire allait toujours augmentant ;

elle s'imaginait voir partout des piéges et des trahisons de la noblesse, idée que lui suggéraient continuellement les meneurs de l'insurrection ; ignorant,
les insensés ! qu'ils servaient en cela les plans du
vice-roi lui-même, qu'ils inutilisaient leurs propres
efforts, privaient le mouvement de consistance, se
créaient des ennemis redoutables, et rendaient impossible toute transaction favorable au pays.

Criant sans cesse : *Aux armes !* quand personne ne
les avait quittées ; sonnant les cloches sans relâche,
comme pour appeler des gens qui, rassemblés depuis
vingt-quatre heures ne songeaient nullement à se
séparer, les masses fanatisées se disposaient à combattre on ne sait quels ennemis, lorsque les pères do-
minicains, malgré le mauvais accueil reçu la veille par
les théatins et les jésuites, voulurent aussi expéri-
menter l'effet d'une sortie processionnelle. Mais, à
peine engagés dans les rues, se voyant insultés et
raillés par la plèbe, qui poussa l'irrévérence jusqu'à enlever leur croix, ils reprirent, affligés et scan-
dalisés, le chemin du couvent ; puis, dans leur
église comme dans toutes les autres, conformément
aux ordres de l'archevêque, on éleva le saint sacre-

ment, on invoqua la miséricorde du ciel, la seule qui pùt sauver désormais la malheureuse Naples des calamités présentes et des désastres futurs.

CHAPITRE VIII.

Au milieu de la confusion et du désordre, résultats
d'une rage sans but et d'un mouvement sans direction, apparut à son tour, à cheval, le prieur de la
Roccella, également envoyé par le vice-roi ; et comme
tous, sans lui laisser le temps de respirer ni d'ouvrir
la bouche, réclamaient à grands cris le privilége de
Charles-Quint, il lui vint la malheureuse idée de répondre, pour se tirer d'embarras, que ce document était
dans les archives de San-Lorenzo. Aussitôt, la multitude pousse une acclamation terrifiante, et, l'entraînant avec elle, se lance dans la direction du célèbre
monument. L'étourdi cavalier, qui avait répondu à
tout hasard, et qui ne savait ni si le privilége y était
véritablement, ni comment on pourrait le chercher
et encore moins l'obtenir, ignorant d'ailleurs si les

soldats espagnols enfermés à San-Lorenzo permettraient qu'on en approchât, sentait tout le danger de
la position qu'il s'était faite si légèrement, sans imaginer aucun moyen d'en sortir. Heureusement, sa bonne
étoile suscita l'un de ces événements insignifiants qui
suffisent pour distraire le peuple, et qui sont si fré-
quents dans les grands troubles. Le prieur en profita
pour sauter à bas de son cheval, fuir à toutes jambes
par une petite rue, et se jeter dans un couvent de
théatins, d'où il regagna Castelnuovo, sous un dé-
guisement.

Le vice-roi, tout en écoutant d'un air profondément chagrin le récit des insultes essuyées par ses
illustres messagers dans leurs expéditions infructueuses, se réjouissait vivement au fond de l'âme ; car
cette animosité croissante entre la noblesse et la plèbe
rendait, de jour en jour, plus impossible l'alliance
qu'il eût redoutée par-dessus tout. Conformément à
cette politique, après avoir entendu les plaintes et les
renseignements des fugitifs sur l'état de la cité, il
jugea l'occasion favorable pour mettre en avant le
duc de Maddaloni, soit qu'il dût, en effet, négocier
une conciliation, soit qu'il dût se dépopulariser comme

ses prédécesseurs. Il le prit à part, lui donna ses instructions, et, sûr de sa bonne foi, le laissa partir courageusement au-devant des révoltés.

Le duc aborde à cheval la place du Marché où
l'attendait le meilleur accueil; ses manières, son
laisser-aller, ses relations avec le bas peuple, ses désordres même et ses folies plaisaient beaucoup à la
multitude; il retrouve de vieilles connaissances à la
tête des légions plébéiennes, et Masaniello le reçoit
les bras ouverts; alors, entouré d'un auditoire immense, il prêche la confiance et le calme, assurant
que le vice-roi fera tout ce que souhaite le peuple.
Mais celui-ci, reconnaissant les promesses et les
discours des précédents émissaires, interrompt le
duc par un sourd murmure, qui dégénère bientôt
en rumeur d'indignation, en interpellations violentes, et en ce terrible cri mille fois répété : *Le privilége de Charles-Quint! Le privilége de Charles-
Quint!* On se pressait tellement autour du cavalier
que son cheval était prêt à perdre pied. Heureusement
Maddaloni ne se laisse point intimider. « *C'est bien,
c'est bien,* s'écrie-t-il avec assurance ; *laissez-moi
passer; je vais le chercher.* » Son ton ferme, sa con-

<table><tr><td>1.</td><td>6*</td></tr></table>

tenance résolue produisent un effet spontané. Le cercle étouffant s'entr'ouvre, et le duc en profite pour rentrer à toute bride au château.

L'habile Genovino avait saisi cette occasion de haranguer le peuple (peut-être aussi était-il bien aise de favoriser, en captivant l'attention, la fuite de son protégé); il avait insisté chaleureusement sur l'importance de posséder ce privilége, à l'aide duquel on démontrerait l'illégalité flagrante des impôts extraordinaires créés sous les vice-rois; il avait renouvelé ses déclamations haineuses au sujet de la noblesse, et conclu par une nouvelle exhortation de fidélité au roi d'Espagne; puisque, loin de lui être *rebelles,* les Napolitains dirigeaient uniquement leurs efforts contre des ministres, indignes oppresseurs de ses sujets, qui par de honteuses concessions privaient le souverain de la moitié des tributs et dons volontaires de ce très-fidèle royaume (1). De telles idées se propageaient rapidement en faisant sur les masses une profonde impression.

Le soulèvement commençait à prendre la consistance que produit toujours une organisation bonne ou mauvaise qui régularise et donne de l'unité.

(1) Giraffi.

Masaniello était reconnu et obéi comme chef suprême ;
Domenico Perrone et Giuseppe Palumbo étaient
ses lieutenants ; Genovino, son conseiller ; un fougueux jeune homme, appelé Marco Vitale, remplissait près de lui les fonctions de secrétaire. Composant
ensemble une sorte de conseil souverain, et d'accord
avec les hommes du peuple les plus influents, ils
s'occupèrent de nommer, avec toutes les formalités
possibles, un élu du peuple en remplacement de
l'infortuné Naclerio ; puis ils organisèrent leurs forces actives qui dépassaient déjà cent cinquante mille
hommes, les divisant par faubourgs et quartiers, en
assignant pour chefs à chaque section, ceux de ses
membres qui avaient montré le plus de chaleur et
d'audace dans les événements antérieurs.

L'insurrection organisée, il fallait qu'elle occupât d'une manière quelconque son activité infernale.
N'ayant point d'ennemis à combattre, puisqu'elle
ne pouvait considérer comme tels des troupes
qui se contentaient d'observer, et que d'ailleurs elle
ne songeait plus à renouveler contre la tour de San-
Lorenzo ses malencontreuses tentatives, elle se dé-
dommagea par de ruineuses vengeances et d'inutiles

incendies. Masaniello et son entourage formèrent une
liste de plus de soixante maisons destinées à être as--
saïllies sans retard et sans appel, les haines et les
ressentiments personnels exerçant dans le choix
des victimes une influence qui se devine aisément.

Le poissonnier surtout n'avait point oublié l'arres-
tation de sa femme par les *gabellieri;* il en nourrissait
une rancune violente contre le fermier de l'octroi
des farines Geronimo Letizia. Aussi l'habitation de
ce personnage fut-elle la première désignée. On y
renouvela les scènes du palais et de la maison Vagliano. Les meubles les plus précieux, de magnifiques tapisseries, des étoffes et des joyaux de grande
valeur, tout jusqu'aux portes et aux jalousies fut
dévoré par les flammes. La multitude, exaltée,
criait avec frénésie en attisant le feu (1) : *Ceci
est notre sang! ainsi méritent de brûler en enfer
ceux qui nous l'ont sucé!* Elle prit ensuite quelques tisons du brasier pour en allumer plus
facilement un autre, et courut envahir la demeure
somptueuse de Filippo Basili, qui de pauvre boulanger était devenu énormément riche en peu d'années,

(1) Giraffi.

en se rendant adjudicataire de divers impôts. L'œuvre de destruction suivit son cours, et cette fois,
indépendamment d'un mobilier admirable et de superbes glaces de Venise, on anéantit des objets d'art
fort remarquables, des tableaux de grands maîtres, de
très-belles pièces d'orfévrerie, et même un coffret
plein de grosses perles. Ce bûcher flamboyait sur la
place du Saint-Esprit; lorsqu'il n'y eut plus rien
à brûler, le conseiller Antonio de Angelis dut fournir à son tour de nouveaux aliments à l'incendie. On
l'appelait le *conseiller des mauvais conseils.* Les
flammes furent implacables chez lui, comme partout
ailleurs.

La nuit n'arrêta point cette fièvre de destruction;
le peuple incendia successivement la maison du
conseiller Miraballo, située dans le faubourg des
Vierges; puis le palais de l'élu Naclerio, où l'on dé-
vasta sans pitié un précieux jardin de plantes et de
fleurs exotiques, importées à grands frais et cultivées
avec un soin extrême, au milieu de charmantes fontaines et de curieux jets d'eau.

D'immenses richesses, d'incalculables capitaux furent anéantis en un moment durant ce jour néfaste,

sans que les chefs de l'insurrection comprissent eux-
mêmes l'importance de les conserver dans leur propre
intérêt. Mais les masses populaires qui jamais ne rai-
sonnent, ni ne pensent à l'avenir, croient stupide-
ment qu'elles détruiront la tyrannie en détruisant ce
qui appartient à ceux qu'elles appellent tyrans ; elles
oublient, dans leur haine contre les riches, que l'ensemble des grandes richesses particulières forme précisément la grande richesse de l'État.

Les tourbillons de flamme et de fumée qu'une
plèbe frénétique attisait si follement, avertissaient de
loin les malheureuses familles réfugiées à Castelnuovo, qu'elles étaient déjà victimes de l'anarchie, et
qu'elles tombaient du faîte de l'opulence dans l'a-
bîme de l'indigence et du désespoir. Leçon terrible
pour ceux qui s'enrichissent aux dépens de la misère
publique, et font ensuite une imprudente ostentation
de leurs richesses, sans craindre qu'un jour vienne
où la victime se change en bourreau !

Un fait digne de remarque, c'est qu'au milieu de
cet inexprimable désordre, parmi ces bandes sans
foi ni loi, pleines de malfaiteurs, de brigands et de
pauvres en haillons, sans aucun moyen d'existence,

bien que les monnaies d'or et d'argent roulassent sur
le pavé, il ne se trouva que trois misérables pour oser
dérober quelque chose. Encore leurs mesquins dé-
tournements reçurent-ils un châtiment aussi prompt
qu'exemplaire : regardés avec horreur par tous ces
artisans de destruction, ils furent conduits devant
l'inflexible Masaniello, qui condamna immédiatement à cinquante coups de bâton l'un d'eux, convaincu d'avoir gardé un frein de cheval, et qui fit
pendre les deux autres, pour avoir volé, celui-ci une
tasse d'argent, celui-là un petit cadre du même
métal.

L'histoire consigne également un fait d'une haute
importance : c'est qu'au plus fort de la rage dévasta-
trice, on sauvait, avec le plus grand respect, les portraits du roi trouvés dans les maisons proscrites. Ils
étaient aussitôt salués de chaleureuses acclamations,
et déposés au carrefour voisin, sous un dais improvisé, formé de riches étoffes, que cette destination
pouvait seule arracher aux flammes (1). Exemple
frappant de l'amour incompréhensible conservé par
des révoltés pour un souverain dont ils outrageaient

(1) Giraffi. — De Santis. — Raphaël de Turris.

les ministres, et dont ils assassinaient les sujets! Il démontre clairement combien les Napolitains songeaient peu à se séparer de l'Espagne, jusqu'au moment où ils prêtèrent l'oreille aux instigations des agents étrangers qui ne tardèrent pas à venir exploiter les circonstances.

CHAPITRE IX.

La prétention du peuple, d'obtenir qu'on lui livrât le privilége de Charles-Quint, jeta dans un grand embarras le duc d'Arcos, non qu'il y eût mauvais vouloir de sa part ; mais il ignorait jusqu'à l'existence de cette pièce. Vainement il ordonnait les recherches les plus minutieuses ; on n'en pouvait découvrir la moindre trace. Le manuscrit d'Agnello della Porta dit : « qu'on ne le trouvait pas, ou, pour mieux dire, qu'on ne voulait point le trouver, parce que les fermiers des impôts étaient trop intéressés à le faire disparaître. » Capecelatro, plus digne de foi, s'exprime en ces termes, que nous traduisons à la lettre : « Les savants de Naples, curieux d'antiquités, n'ont jamais vu le privilége ; mais on a dit que les nobles l'avaient caché. » L'historien moderne Baldacchini, après avoir cité ces écrivains contemporains, ajoute : « Deux opinions assez répandues voulaient que ce document eût été brûlé par les Espagnols, ou bien envoyé en Espagne et classé aux archives.» Ce qu'il y a de certain, c'est qu'à défaut de l'original, le vice-roi imagina d'en faire fabriquer *une confirmation,* écrite sur parchemin, dans les formules traditionnelles, avec les lettres ornées, les signatures et les sceaux de rigueur. Toutes les charges de la ville et du royaume y étaient abolies, à l'exception des impôts existants à l'époque de Charles-Quint. Des scribes habiles passèrent la nuit à terminer ce travail, et Maddaloni fut chargé de le porter au peuple.

Le matin du troisième jour de l'insurrection, le duc retourna donc à la place du Marché ; il faisait piaffer son cheval et réclamait le silence en attirant tous les yeux sur le brillant parchemin. Mais à peine commençait-il sa lecture à haute voix que la foule découvrit la fraude : *Trahison! trahison!* criait-on de toutes parts ; *meurent les nobles qui nous trompent ! Nous voulons le privilége de Charles-Quint, écrit non pas en lettres d'or modernes, mais en caractères anciens et sur vieux parchemin.*

Maddaloni, troublé, cherchait à démontrer que cette copie méritait autant de confiance que l'original, lorsque Masaniello, se souvenant peut-être de quelques récentes humiliations reçues à la porte du duc en allant offrir son poisson (1), accourut fort irrité, et tira violemment le cavalier par le bras pour le faire descendre, en l'appelant traître et trompeur du très-fidèle peuple. Assailli et renversé, l'illustre seigneur ne dut probablement son salut qu'à une lutte ardente entre gens qui voulaient tous frapper le premier coup. Des affidés vinrent à son secours, et Masaniello lui-même contribua à le sauver en l'envoyant prisonnier au couvent du Carmel, sous la garde de Domenico Perrone (2). Pendant la durée de sa détention, qui fut de quelques heures à peine, il eut le temps de s'entendre avec son ancien protégé, devenu son geô-lier, et de combiner rapidement un plan hardi dont nous aurons à raconter les conséquences ; puis, dès que l'occasion parut favorable, aidé par celui-là même qu'on avait chargé de le garder, il s'enfuit dé-guisé, prit une barque qui le déposa sur une plage

(1) Capecelatro.
(2) *Ibidem.*

éloignée, et se rendit à cheval dans une de ses terres aux environs de Naples.

Tomasso de Santis et d'autres auteurs racontent qu'un peu plus tard le prieur de la Roccella se présentait à son tour devant le peuple avec un double du fameux document; mais le prolixe Giraffi, témoin oculaire, qui tenait un journal régulier des événements, et dans lequel nous avons puisé l'aventure de ce seigneur relative au précédent chapitre, ne dit pas un mot de lui ce jour-là. Il nous semble d'ailleurs parfaitement impossible que, s'étant joué la veille de la populace, il vînt sans défense affronter sa colère le lendemain. Il n'est guère plus probable qu'en de si courts instants le vice-roi ait eu le loisir de faire fabriquer des copies, ni qu'il ait conçu l'espoir de faire accepter par le prieur un parchemin si déplorablement accueilli entre les mains du duc de Maddaloni. Le comte de Modène, qui se complaît à exagérer le machiavélisme du duc d'Arcos, dit qu'il le soupçonne fortement d'avoir fait connaître lui-même à la plèbe la fausseté du document confié à ses propres émissaires; et de plus il assure que douze mille arquebuses furent, par ses soins, secrètement distri-

buées aux insurgés, afin de se défendre au besoin contre la noblesse. De pareilles assertions sont tellement
absurdes qu'elles ne méritent guère une réfutation.

Dans tous les cas, que le duc de Maddaloni ait pré-
senté la confirmation du privilége de Charles-Quint,
seul ou accompagné du prieur de la Roccella, cette démarche n'eut d'autre résultat que d'accroître la furie
des séditieux, d'exciter plus que jamais leur fièvre
de vengeances, et d'augmenter le prestige de Masaniello aux yeux de la populace; car en osant porter
une main violente sur un si noble personnage, le chef
plébéien avait donné une haute idée de son audace
et de son pouvoir. Il s'était enorgueilli lui-même à
tel point, qu'il n'hésita pas à publier un édit portant
peine de mort contre quiconque déserterait la cause
populaire ou ne l'embrasserait pas dans les vingt-
quatre heures. Cette disposition fit surgir de nouvelles bandes de factieux que l'indifférence ou
l'indécision avaient empêchés jusqu'alors de se montrer, et ne multiplia pas moins le nombre des gens
que la frayeur poussait à se réfugier vers les forts.

Le pillage et l'incendie deviennent l'unique occupation du peuple. Masaniello siégeait en permanence

sur la place du Marché ; quelques exaltés se plaignent
à lui du duc de Caivano, assurant qu'il s'est vanté
d'avoir un palais à l'abri de l'invasion, et de ne point
redouter *les hommes en guenilles ;* le généralissime
prononce sur-le-champ un arrêt de destruction ; et
non-seulement on brûle le palais du duc avec tous les
documents importants qu'il y conservait comme secrétaire général du royaume, mais on rase aussi le
palais de son fils, l'habitation de son frère, et même
une maison de plaisance au Pausilippe.

Le peuple s'empare ensuite de quinze cents armes
à feu dans les magasins d'un fournisseur génois ; il
envahit, saccage et embrase le palais d'un certain
Cevallos, qui de pauvre écrivain était arrivé à s'appeler le duc d'Ostuna, et à posséder un domaine de
soixante mille ducats de rente ; puis les hordes sau-
vages se ruent vers le palais Lubrano. Cesare Lubrano, originairement commis des douanes, avait
d'abord affermé des gabelles, et devenu puissamment
riche, avait acheté pour son fils un titre appuyé sur
un énorme majorat. La populace apprend qu'il a
caché, la nuit précédente, ses effets et ses joyaux les
plus précieux dans un couvent voisin ; elle viole aus-

sitôt l'asile sacré, et tout ce qu'on y trouve est livré à l'élément destructeur.

Citer nominativement chacun des édifices ruinés, énumérer les trésors anéantis par ces bandes d'énergumènes serait véritablement impossible. Qu'on se représente seulement une ville couverte de brasiers dans lesquels tout ce qui appartenait aux nobles ou aux riches était impitoyablement englouti. L'aveugle fureur des incendiaires touchait de si près à la folie, qu'ils précipitaient vivants au milieu des flammes des chevaux de luxe, des mules de trait, et jusqu'à des oiseaux de basse-cour et des chiens de chasse (1).

Masaniello désirait entreprendre quelque chose qui accréditât son autorité, et fournît un nouveau stimulant à l'esprit d'insurrection. Conseillé sans doute par Genovino, auquel une vieille expérience avait appris que ces vengeances sur des objets inanimés, outre qu'elles diminuent les ressources du pays en doublant celles de l'ennemi, ne servent qu'à dépenser en pure perte l'activité des masses; craignant d'ailleurs de voir naître la fatigue, symptôme précurseur de mort dans les soulèvements qui se prolongent sans résul-

(1) Capecelatro, M. S.

tats, il résolut de conquérir à tout prix San-Lorenzo.
Cet édifice, élevé au cœur de la cité, était considéré
comme une sorte d'Hôtel de ville : le parlement s'y
était réuni anciennement, et présentement les élus
et députés municipaux y tenaient leurs séances ; ce qui
inspirait un grand respect pour le lieu. De plus il renfermait les archives publiques, et dans une tour assez
forte un dépôt considérable d'armes et d'artillerie.
Son occupation offrait donc de grands avantages ; et
comme il ne s'agissait point d'une appartenance
royale, l'attaquer ne semblait point aux factieux cons-
tituer un acte de rébellion.

Dix mille hommes sont disposés pour l'expédition
dont Masaniello prend lui-même le commandement.
Il divise ses forces par détachements qui, marchant
en assez bon ordre, suivent des routes diverses et arrivent ensemble devant San-Lorenzo. L'attaque commence aussitôt contre le couvent avec une impétuosité extrême ; les religieux épouvantés ne font
pas de résistance sérieuse ; la position est facilement
emportée et les agresseurs acquièrent un poste avantageux pour assiéger la tour. Celle-ci était défendue
par quarante soldats espagnols, sous les ordres de

l'intrépide capitaine napolitain Biaggio de Fiusco;
des gentilshommes et des employés réfugiés renfor-
çaient la petite garnison. La populace donne l'assaut
avec chaleur. Une mousqueterie habilement dirigée la
repousse constamment en lui faisant essuyer les plus
grandes pertes, mais sans parvenir à la décourager;
elle amoncelle les corps morts et s'élance aux remparts
sur une échelle de cadavres. Enfin après trois longues heures d'une admirable défense, la tour, battue
du côté de la rue par un canon de gros calibre, assail-
lie opiniâtrément du côté du couvent qui était son
point vulnérable, doit songer à se rendre lorsque ses
portes ont cédé à l'explosion réitérée des pétards. Les
réfugiés s'échappent à la faveur du désordre; le brave
commandant était mort; quant aux soldats survivants,
ils ne cessent le feu qu'en stipulant la vie sauve.

Cette conquête, d'une haute importance pour les
révoltés, enfla considérablement l'orgueil du poissonnier dont la domination était dès lors assurée;
l'enthousiasme du triomphe devint universel. Le peuple, maître de la tour de San-Lorenzo, y arbora l'é-
tendard royal, et au-dessous celui de la ville de Naples.
Il exposa sous un dais extérieur avec de nombreuses

salves et acclamations le portrait de Philippe IV trouvé dans la salle des conférences, puis on sonna la grosse cloche appelée *la citta* (la ville), et ses bourdonnements assourdissants répétés par les échos de Castelnuovo portèrent au vice-roi la première nouvelle de la perte qu'il avait faite. Les vainqueurs brûlèrent presque entièrement les archives publiques, et brisèrent des instruments d'un grand intérêt pour la science en bouleversant toutes choses dans l'espoir de découvrir le privilége de Charles-Quint. Quantité d'armes et de munitions tombèrent en leur pouvoir, ainsi que dix-huit pièces d'artillerie qui furent braquées sur les places et aux portes principales de la ville (1).

La joie populaire s'épanchait en extravagances et en débauches inimaginables. Les triomphateurs, étourdis de leur victoire, se croyaient déjà maîtres de l'univers, lorsqu'un bruit alarmant se répandit que par le chemin de Puzzoles arrivaient quinze cents Allemands, et par celui d'Aversa plusieurs compagnies espagnoles tirées de la garnison de Capoue. Masaniello sortit à leur rencontre avec des forces tellement supérieures qu'il les dispersa facilement. Plus

(1) De Santis.

tard des escadrons de cavalerie également appelés
par le vice-roi s'approchèrent de Naples en observant
les précautions nécessaires ; mais quand ils aperçurent de loin le mur garni de canons et les portes
fermées, ils rétrogradèrent sagement.

Attirés par les grondements de l'énorme cloche,
des hommes armés affluaient à la ville, accourant de
toutes les campagnes environnantes. Masaniello, qui
commençait à reconnaître les inconvénients de la
confusion, les renvoyait dans leurs foyers avec
ordre de se défendre contre la noblesse et contre les
Espagnols. C'est ainsi que le mouvement de la capitale s'étendait rapidement aux alentours.

CHAPITRE X.

Le duc d'Arcos, voyant le soulèvement prendre une
consistance formidable et désirant déjà ouvrir le
champ aux négociations, prit le parti, assez mal
conçu suivant nous, d'expédier un message au présomptueux Masaniello, lui demandant courtoisement comme d'égal à égal quelques vivres délicats
pour lui et sa famille. Vivement flatté de cette démarche, le chef populaire s'empressa d'y accéder. Il
recueillit une ample provision de fruits choisis et de
rafraîchissements recherchés ; mais comme il disposait les derniers préparatifs de l'envoi, en s'applaudissant fièrement de sa générosité, quelques-uns
de ceux qui l'entouraient et qui voyaient de mauvais
œil une pareille galanterie dans un homme du peuple, l'avertirent de ne point tant se presser de com-

plaire aux oppresseurs et de ne pas attacher tant de
prix à des flatteries dont l'unique but était de l'endor-
mir. Ils le firent monter au clocher du Carmel, et
lui montrèrent au loin une galère qui s'approchait de
la côte afin de recevoir deux compagnies espagnoles
destinées à renforcer la garnison du château, ou
peut-être à débarquer sur un point convenable afin
d'entamer des hostilités. Masaniello s'indigne ; et pour
remédier promptement au discrédit que peut lui
avoir attiré sa bonne foi, il crie lui-même aux armes,
se met à la tête d'une nombreuse troupe d'élite et
marche au-devant de l'ennemi. Les soldats, se voyant
découverts, essayent vainement d'opérer leur retraite;
enveloppés de toutes parts, ils sont bientôt obligés de
se rendre après une vigoureuse mais inutile résistance
dans un couvent où ils s'étaient retranchés.

Ce nouveau triomphe ranima l'enthousiasme, et
Masaniello distribua aux vainqueurs de l'expédition,
réunis sur la place du Marché à ceux de San-Lorenzo,
non-seulement les rafraîchissements préparés si soigneusement pour le vice-roi, mais encore une grande
quantité de vivres tirés des magasins publics. De tels
procédés lui attiraient les plus sonores applaudisse-

ments et les bruyants vivats de la foule, qui criait en se gorgeant de vin : *Tout ceci est à nous, tout ceci est payé de notre sang* (1). Non content d'avoir si complétement détourné les soupçons des uns et déconcerté les piéges des autres, le chef de la sédition, afin de fixer davantage la confiance populaire et d'embarrasser les Espagnols, ordonna de fortifier les avenues du palais et des postes occupés par les soldats; puis il coupa les vivres aux châteaux qui, jusqu'alors, avaient conservé communication franche avec la ville.

L'attitude hostile et résolue des insurgés, la précision et le succès de leurs entreprises inquiétèrent sérieusement le duc d'Arcos, et bien qu'il eût déjà la certitude que la noblesse ne déserterait point la cause royale, il lui semblait dangereux de laisser prendre tant d'extension au mouvement populaire; il se détermina donc à faire usage des moyens qu'il tenait en réserve.

Enfermé dans son palais depuis le jour où son intervention avait délivré l'autorité suprême à Saint-Louis, le cardinal Filomarino cessait complétement de travailler à la pacification de la ville. Il avait vu

(1) Giraffi.

d'abord avec anxiété les efforts des hauts seigneurs ses implacables ennemis pour calmer le désordre, car il craignait qu'ils ne recouvrassent leur influence perdue ; mais lorsqu'il eut reconnu l'inefficacité et même l'effet pernicieux de leurs démarches, il jugea le moment venu d'agir à son tour ; il fit indirectement offrir ses services qui furent acceptés sur-le-champ. On échangea quelques messages, et l'archevêque se rendit près du vice-roi.

Ce jour-là, le bruit se répandit adroitement que certains moines avaient trouvé par hasard le privilége de Charles-Quint, et que les élus des sédiles nobles, accompagnés du père théatin Giuseppe Caracciolo, l'avaient porté à Castelnuovo. Une telle découverte aplanissait bien des obstacles. La nouvelle en courait de bouche en bouche, accueillie partout avec une joie mêlée de crainte. Ce fut le cardinal qui se chargea de la confirmer.

Il se rend au Carmel, emportant le bienheureux privilége. Le peuple, averti de son arrivée, couvrait la place et les abords du Marché. La foule s'ouvre respectueusement à l'approche du prélat qui pénètre dans l'église, ayant devant lui Masaniello, l'épée nue à la main, à ses côtés les chefs populaires, et par derrière la multitude compacte. Debout à l'entrée du chœur, il lit d'une voix sonore, le document si ardemment désiré. Le parchemin était vieux, les lettres d'or étaient ternies par le temps, la forme des caractères attestait leur antiquité.

Tant que dura la lecture, de sourds murmures circulèrent dans les masses. En vain Masaniello fronçait le sourcil ; en vain l'entourage de l'archevêque montrait l'assurance que donne une profonde conviction. La lecture achevée, et lorsqu'on pouvait s'attendre à une explosion d'enthousiasme, quelques voix isolées ne rompirent le silence général que pour mettre en doute l'authenticité du document. Le cardinal eut un instant de trouble ; mais cherchant des yeux l'appui de Masaniello, il exprima gravement, *que cette méfiance offensait sa dignité, puisqu'en vrai pasteur du peuple, toujours préoccupé de son bien, il ne pouvait songer à le tromper.* Ces plaintes ne demeurèrent point sans effet. Masaniello tenait le prélat en grande vénération ; il s'écria d'un air mécontent : *Seigneur, ce sont gens inconsidérés, qui oublient le respect dû à Votre Éminence, en la confondant avec le duc de*

Maddaloni et autres personnages de sa sorte. Mais moi, qui sais ce que valent les paroles de Votre Éminence, je défends l'authenticité du document contre la furie et l'ignorance de tous. L'agitation de la multitude témoignait de son mécontentement ; le cardinal reprit avec sang-froid d'une voix calme et retentissante : *J'ai la conviction que ce privilége est le véritable, et pour dissiper tous les doutes, qu'il se présente quelque personne instruite méritant la confiance du très-fidèle peuple ; qu'elle vienne examiner scrupuleusement le parchemin : je suis décidé à ne point quitter cette place avant que la vérité ne soit reconnue.* Improvisée, ou préparée d'avance, cette allocution eut tout le succès désiré. Les esprits reprirent confiance. Giulio Genovino fut choisi pour arbitre, en sa triple qualité de lettré, de connaisseur en semblables matières, et de conseiller du peuple. Le parchemin passa des mains de l'archevêque, dans celles du poissonnier, qui le remit au rusé vieillard, et celui-ci se retira au fond de l'église afin d'examiner sans distraction (1).

Cependant, malgré l'approche de la nuit, le cardinal persistait à ne point quitter le couvent, ainsi qu'il

(1) Giraffi. — De Santio. — Raph. de Turris.

l'avait. annoncé. Certes, il était loin de perdre son temps, et l'employait dignement. en faveur de ses ouailles. Averti que de nouveaux incendies étaient décrétés pour cette nuit, il parla à Masaniello avec tant de prudence et de fermeté, il fit aux plus exaltés et aux plus féroces une allocution si chaleureuse et si pleine d'onction, qu'il obtint non-seulement la renonciation aux préparatifs incendiaires imminents, mais encore la promesse solennelle du chef plébéien, qu'on arrêterait l'œuvre de destruction, par condescendance pour un si excellent prélat ; et, en effet, un bando fut aussitôt affiché, portant peine de mort à quiconque voudrait renouveler des actes de dévastation.' L'archevêque, dans cette circonstance, agit véritablement en homme de cœur, les palais voués à la rage populaire ce soir même étant précisément ceux du duc de Maddaloni et d'autres nobles ses ennemis acharnés.

Quant à Giulio Genovino, soit qu'il vît dans ce document vrai ou faux une satisfaction complète accordée à l'insurrection, en rendant impossible l'établissement de nouveaux impôts, soit qu'il commençât à concevoir quelque jalousie du pouvoir illimité dévolu

à l'ignorant enfant du peuple, soit enfin, comme l'é-
crit Santis et comme le laisse entendre le comte de Modène, qu'il fût déjà vendu au vice-roi par la promesse
d'une présidence à la chambre royale de la Sumaria, il
tint le titre pour authentique après avoir passé un temps
fort long à le considérer ; et il sut faire agréer son opinion avec beaucoup de finesse, appelant à diverses re-
prises des insurgés instruits, mais sans connaissances
spéciales, et les consultant sur certains doutes, qui
se décidaient toujours favorablement, attendu qu'a-
près les avoir exposés, il avait soin de signaler à l'attention des vérificateurs quelques taches ou défauts du
parchemin, attestant sa vétusté, quelques traits ou
quelques lettres d'une incontestable ancienneté.

Il parait à peu près certain que le vieux conseiller
populaire était déjà d'accord avec le duc d'Arcos,
auquel Palumbo avait fait aussi plusieurs visites
secrètes. Un certain Francesco Arpaja étant devenu
l'élu du peuple, en remplacement de Naclerio, à
l'instigation du vieillard, le vice-roi mit tant d'empressement à confirmer la nomination qu'il manda
l'élu à Naples le jour même. Cet Arpaja avait été
compagnon de Genovino dans les troubles dirigés

contre le cardinal Borgia, ce qui lui avait valu les galères; présentement il occupait, on ne sait comment, le poste de gouverneur d'une petite place aux environs d'Aversa.

Le peuple, convaincu par le témoignage de son très-fidèle délégué que le privilége remis au nom du vice-roi était décidément de l'authenticité la plus positive, se montra fort satisfait et très-disposé à le recevoir avec enthousiasme comme le couronnement de ses généreux efforts, la réparation de toutes ses rancunes, et le gage certain de sa félicité future. Aussi, malgré l'heure avancée de la nuit, la multitude ne songeait-elle point à quitter l'église, la place ni ses abords. Fier et joyeux, le cardinal se mit à lire, pour compléter son message, un billet qui accompagnait la remise du privilége et dans lequel le duc d'Arcos, appuyé du conseil collatéral, promettait l'oubli complet du passé, et le *pardon* général, au nom du roi, de tous ceux qui avaient pris part à la *rébellion*. Mais ces malencontreuses paroles, si odieuses aux Napolitains, excitèrent un sentiment d'indignation qui courut comme l'étincelle électrique, et qui fit éclater un tonnerre de récriminations. *Nous ne sommes point des rebelles ; nous n'avons pas besoin de pardon!* criait unanimement la foule, *vive le roi d'Espagne ! meurent ceux qui insultent le très-fidèle peuple napolitain !* Les ténèbres rendaient la confusion effroyable ; les tambours battaient, les armes s'entre-choquaient, la clameur ne se lassait point. Il y eut un moment de désordre terrible et d'aveugle furie, durant lequel l'autorité de Masaniello lui-même fut complétement méconnue.

A la fin pourtant ses efforts joints à ceux des autres chefs, les harangues rapides de Genovino, et les protestations du cardinal, calmèrent peu à peu ce vertige, trop violent d'ailleurs pour ne pas être de courte durée. Le prélat montrant qu'il avait une conscience élevée de sa dignité, et déployant un courage civique remarquable, dit au peuple que le duc d'Arcos n'avait point voulu l'offenser, et que si la formule paraissait causer du mécontentement, on n'avait qu'à en dicter une autre, dont il se chargerait de faire agréer les termes au vice-roi. La proposition ne pouvait être mal reçue. La tranquillité se rétablit, les chefs et les hommes influents entourèrent l'orateur, mais non plus pour modifier une simple cédule

d'amnistie ; il agissait déjà de la transformer en une
véritable capitulation. Ainsi croissent les exigences
populaires, à mesure que l'on entre dans la voie des
concessions.

Le cardinal fut peu satisfait du parti que voulaient
tirer les insurgés de ses propositions conciliatrices.
Mais il était trop tard pour reculer ; il en accepta donc
les conséquences tout en agissant activement, de concert avec Genovino, pour que les délégués chargés de
concourir à cette étrange rédaction fussent le moins
nombreux et le plus modérés possible. Masaniello,
Giulio Genovino, deux ou trois chefs influents, quelques prêtres et quelques lettrés composèrent la nouvelle junte qui, présidée par l'archevêque, se retira
dans la sacristie du Carmel, afin de remplir sur-le-
champ son mandat, dressant en forme tous les articles d'une vraie capitulation.

Les altercations devinrent très-vives, surtout lorsqu'on émit l'idée de livrer au peuple le château
Saint-Elme, comme gage du traité. Cette idée obtint
tout d'abord un assentiment si général dans la junte,
que l'archevêque et Genovino eurent grand'peine à la
combattre. Mais le sagace vieillard observa que le

château appartenant au roi, on ne pourrait s'en emparer sans faire acte de rébellion; et cette réflexion
produisit un tel effet sur l'assistance, et particulièrement sur Masaniello, qu'il y eut presque unanimité
pour abandonner la proposition. Les suites de la conférence ne furent guère moins orageuses. Le cardinal y donna des preuves manifestes de son talent, de
son tact et de sa fermeté, aplanissant les difficultés,
luttant contre les exigences déraisonnables, et se
montrant en un mot ami plus sincère des intérêts
du peuple que ceux qui, avec des vues courtes et des
prétentions exagérées, et souvent même avec une
bonne foi douteuse, se posent effrontément comme
leurs plus zélés défenseurs.

CHAPITRE XI.

La junte continuait encore son pénible travail lorsque le soleil vint dissiper cette nuit tumultueuse. C'était le quatrième jour de l'insurrection ; la ville apparut inquiète et armée. Masaniello, dont l'activité prodigieuse s'unissait à un instinct inné de commandement, songea sans retard à poursuivre son œuvre organisatrice des masses. Elles vaguaient sans but par la ville ; il fallait nécessairement les soumettre à une discipline quelconque pour les rendre capables d'agir avec ensemble. Il imagina de passer une revue générale, au grand effroi de la population paisible qui vit plus de 112,000 hommes se réunir en cette solennité. Le chef plébéien les divisa par compagnies de 15 à 16,000 hommes, et de la réunion de plusieurs d'entre elles ayant formé des corps à bannières distinctes,

il leur assigna des postes et des points stratégiques à
défendre en cas d'alarme ; il s'occupa de créer
une cavalerie en s'emparant de tous les chevaux que
l'on pouvait rencontrer ; puis il fit monter des canons
sur des trains de charrettes et parvint à établir quelques batteries d'artillerie. Tout cela fut exécuté avant
la fin de la journée, et Masaniello, confirmé avec acclamations dans sa dignité de capitaine général du
peuple, s'entoura d'une garde choisie de sept à huit
mille hommes et fixa officiellement son quartier général à la place du Marché.

Ensuite, malgré ses promesses à l'archevêque, et
malgré l'arrêté publié la nuit précédente, il ordonna
une nouvelle descente au palais Caivano, sur l'avis que
des richesses considérables y étaient cachées. On les
découvrit, en effet, derrière une cloison de briques, et
le feu reçut une nouvelle pâture. Giraffi raconte que
des femmes obligeaient les plus jeunes enfants à porter de leurs innocentes mains quelques matériaux
dans la fournaise, chargeant d'horribles imprécations
ceux qui *s'engraissent avec le sang des pauvres.*

Le palais de Maddaloni avait été sauvé la nuit précédente ; une colonne d'insurgés s'y dirigea de son pro-

pre mouvement dans l'intention de le détruire ; mais elle le trouva si bien gardé en l'absence du duc par les spadassins et les gens sans aveu qui le regardaient comme leur père, qu'elle ne s'aventura point à franchir les portes et se contenta de briser les vitres à coups de pierres.

A peu près dans le même temps, la cupidité qui déjà commençait à lever la tête, ou peut-être une inimitié personnelle sut arracher à Masaniello l'ordre d'assaillir l'habitation de Cornelio Spinola. Cependant il était de notoriété publique que, loin de contribuer à l'oppression du peuple, il avait courageusement exhorté le duc d'Arcos, d'abord à ne point décréter l'impôt sur les fruits, ensuite à l'abolir ; mais quoique personne n'ignorât combien la source de ses richesses était honorable, elles n'en étaient pas moins immenses, et c'est un titre suffisant aux persécutions populaires. Une fois le frein des lois rompu, l'envie et la rapacité ne s'embarrassent guère du choix de leurs victimes. Heureusement, l'opulent Génois trouva de nombreux amis, décidés à défendre résolûment sa maison contre toute attaque, jusqu'à ce que ses trésors et ses effets les plus précieux fussent en sûreté.

La nécessité de combattre arrêta les incendiaires ; et
quant à Masaniello, soit qu'il craignît de s'engager
dans une expédition d'un mauvais effet, soit qu'il
cédât aux conseils de Genovino auquel le riche armateur avait rendu d'importants services, il accourut
lui-même afin de contenir et dissiper le rassemblement.

Le chef de l'insurrection s'aperçoit que sa conduite
est vivement approuvée par la grande majorité ; et
pour donner plus entière satisfaction à Spinola, il le
proclame intendant général des approvisionnements
de la ville. La multitude inconstante et passionnée
change aussitôt ses cris de mort en frénétiques applaudissements.

Mais le Génois, aussi froid devant cet honneur
inattendu qu'il l'avait été en présence du danger,
s'excusa d'accepter ce poste élevé, alléguant que sa
qualité d'étranger lui interdisait d'entrer au conseil,
et par conséquent d'exercer légalement de telles
fonctions. Masaniello insistait cependant, et il fallut de graves incidents, que nous allons raconter,
pour tirer Spinola de cette situation embarrassante.
Le tout puissant poissonnier, ne se bornait plus à

organiser les forces de l'insurrection ; il s'occupait aussi du gouvernement de la ville, publiant des
règlements de police, avisant aux subsistances de la
population, et veillant à toutes les affaires publiques.
Il fit élever sur la place du Marché une estrade re-
couverte d'un dais sur laquelle, assisté de ses lieutenants Doménico Perrone et Giuseppe Palumbo, de
Giulio Genovino, du secrétaire Marco Vitale, et du
nouvel élu Francesco Arpaja, il administrait la justice, rendait force décrets, prononçait des sentences,
entendait les plaintes, et tranchait rapidement les
questions les plus graves, non sans déployer une
grande lucidité, de saines intentions et un jugement
droit. Vêtu d'une grosse chemise rapiécée, serrée à la taille par des chausses de toile rayée, nu-
pieds, la poitrine découverte, et coiffé du bonnet
rouge des pêcheurs, il gouvernait comme chef suprême, décidant sans appel des causes militaires, civiles ou ecclésiastiques, écoutant avec aisance les avocats et les notaires, les solliciteurs et les plaideurs, et
les soumettant tous à sa volonté absolue. C'était
Genovino qui lui dictait à voix basse les arrêts ;
et le chroniqueur Santis rapporte qu'avant de pro-

noncer, Masaniello inclinait un instant la tête,
portant la main à son front comme pour réflé-
-chir, mais en réalité pour mieux entendre le conseiller. Il ajoute même qu'un jour, afin de se donner
plus d'importance (car malgré son ignorance il avait
un instinct profond du charlatanisme nécessaire à son
rôle), ayant dit aux assistants : « *Peuple bien-aimé,
quoique je n'aie jamais été soldat ni juge, j'ai la prudence et la sagesse que m'inspire le Saint-Esprit,* »
une voix lui cria : « *Dis plutôt le Père éternel,* » faisant ainsi allusion au vieux Genovino dont on re-
marquait la tête chauve et la longue barbe blanche.

Vers midi on terminait, dans l'église du Carmel, le traité qui devait être soumis à l'approbation du peuple, et le cardinal chargeait un de
ses frères (lequel était capucin), d'aller instruire
le vice-roi de tout ce qui s'était passé, en l'exhortant
à ne point opposer une inutile résistance aux nouvelles concessions réclamées. Le duc répondit qu'il
sanctionnerait la capitulation aussitôt que le peuple
l'aurait acceptée ; il joignit à cette assurance une pragmatique en règle, validant le privilége de Charles-
Quint, abolissant toutes les gabelles, et concédant une

amnistie complète sans employer les mots *pardon* ni *rébellion,* qui avaient produit un si mauvais effet. Un billet entièrement écrit de sa main, invitait le prélat à publier ces documents dans les formes pontificales(1).

En recevant d'aussi bonnes nouvelles l'archevêque crut fermement à la fin si désirée de ces déplorables scènes ; il engagea Masaniello à réunir le peuple sur la place du Marché, afin que lecture lui fût faite des articles arrêtés, et qu'on les présentât sans retard à la ratification du vice-roi, en publiant solennellement le privilége et la pragmatique. Le chef populaire donna aussitôt des ordres pour qu'à deux heures de l'après-midi tous les capitaines de quartiers se rassemblassent au lieu fixé avec une partie de leur monde, tandis que l'autre partie garderait à elle seule toutes les positions.

L'heure arrivée, l'immense place se couvrit encore de son immense multitude, impatiente et inquiète, cette fois, de voir le dénoûment du terrible drame, et la fin si impatiemment attendue d'une si violente situation. Bientôt arrivent à cheval trois cents brigands de la campagne parfaitement armés. Cette apparition inat-

(1) Voir l'Appendice, n° 2.

tendue surprend autant Masaniello que le peuple lui-même. Domenico Perrone le rassure, en lui disant que ce sont des gens dévoués et dignes de toute confiance venus comme auxiliaires. L'explication satisfait si médiocrement le chef plébéien, qu'il veut assigner un poste aux étrangers et surtout les séparer de leurs chevaux, fort gênants au milieu de la foule. Mais Perrone leur faisant mettre pied à terre, renouvelle si bien ses assurances qu'enfin les bandits se mêlent au flot populaire, quelques-uns pénètrent même dans l'église du Carmel, sous prétexte d'adresser leurs prières à la Vierge.

Déjà Masaniello s'y était rendu pour avertir l'archevêque que le peuple attendait avec impatience la fameuse lecture. Debout à la porte de la sacristie, il s'entretenait avec le prélat lorsque Perrone lui fait signe de loin, l'appelant du côté du sanctuaire comme pour lui donner un avis urgent. Masaniello s'empresse d'accourir à cet appel de son ami et lieutenant. Tout à coup les voûtes du temple retentissent d'une détonation d'arquebuse, et la balle siffle à ses oreilles : Trahison ! trahison ! crie le chef populaire. Cinq décharges nouvelles lui répondent sans réussir à le bles-

ser ; Perrone avait disparu. Le tumulte que soulève
cet événement se communique instantanément de
l'intérieur de l'église aux extrémités de la place, et
l'indignation de la multitude se tourne avec furie
contre les bandits, qui songent tout d'abord à se défendre vigoureusement. Les armes s'entre-choquent ;
mais un combat tellement inégal ne peut être de longue durée. L'innombrable multitude se rue impitoyablement sur les étrangers dont elle fait une horrible
boucherie. En vain ces misérables veulent-ils fuir,
en vain cherchent-ils un asile : ni l'inviolabilité du
lieu , ni la sainteté de l'autel, ni l'image vénérée de
la Vierge ne peuvent leur servir de refuge. Plus de
trente sont mis en pièces sur les degrés du sanctuaire , inondant de leur sang les dalles de la
nef et de la chapelle. Ceux qui se réfugient dans le
couvent, croyant échapper aux massacres de la place
où gisaient déjà plus de cent cinquante cadavres, n'en
subissent pas moins le même sort. Trois sont égorgés
dans la sacristie, et l'un d'eux sous le fauteuil même
de l'archevêque, quoique voilé par les vêtements
pontificaux. On savait déjà que Domenico Perrone était l'âme de la conjuration. Découvert dans

une cellule, il est tué à coups de couteaux, sous la robe
d'un moine carmélite, qui le défend d'abord avec une
valeur surhumaine et l'exhorte ensuite à bien mourir avec une pieuse ferveur. Ce religieux est ensuite
obligé d'embrasser l'image de la Vierge pour sauver
sa propre vie de la fureur populaire. Un frère de
Perrone tombe frappé de deux balles. On s'acharne à
poursuivre les bandits qui se sont précipités dans les
maisons voisines, comme ceux qui se sont enfuis au
loin ; leur extermination était irrévocable. La plupart
périssaient entre les bras des moines qui, le crucifix à
la main, et les paroles évangéliques à la bouche, con-
fessaient les uns, absolvaient les autres, priaient pour
tous, et se préparaient eux-mêmes à la mort, se sen-
tant au moment d'être enveloppés dans l'aveugle
rage de la populace.

Le cardinal-archevêque tint la conduite la plus
digne et la plus héroïque, cherchant à contenir les
furieux et à protéger les fuyards, assistant les mori-
bonds, et se portant partout où il espérait sauver
quelque victime, sans s'inquiéter du sifflement des
balles, ni du reflet des poignards. Au milieu de la confusion, poursuivi et déjà blessé, un certain Antonio

Grasso se jette à ses genoux : c'était un chef populaire, ami de Perrone et son complice. Il demanda
la vie pour faire d'importantes révélations, et parvint
à retarder un instant sa triste fin, en déclarant que les
bandits étaient venus par l'ordre et d'après les instructions du duc de Maddaloni et de son frère don Giuseppe
Caraffa, d'accord avec Perrone, afin de tuer Masaniello et de s'emparer de la ville ; il ajouta qu'à cet
effet de nouvelles troupes de brigands étaient embusquées aux environs et se présenteraient à l'entrée
de la nuit. Cette déclaration de Grasso vola de bouche
en bouche, mais si défigurée et si monstrueusement
exagérée, suivant la coutume, qu'on arrivait à certifier que la place du Marché, ses alentours et le couvent du Carmel étaient complétement ruinés, et que
vingt-huit barils de poudre étaient déjà enterrés
pour exterminer d'un seul coup le peuple tout entier.
L'invraisemblance, on peut dire l'impossibilité d'une
pareille entreprise, n'empêchèrent point la crédulité des masses d'y puiser une nouvelle exaspération ; il se trouva même un écrivain contemporain
pour donner le fait comme certain (1).

(1) Giraffi.

L'implacable exécution était terminée, le temple profané, la terre rougie ; l'atmosphère, chargée de fumée et surtout de poussière, retentissait de cris de vengeance insatiable, qui empêchaient d'entendre les clameurs douloureuses des mourants. Les têtes des bandits furent tranchées ; Masaniello les fit planter sur une longue rangée de perches tout autour du Marché. Les cadavres mutilés, traînés par des femmes et des enfants jusqu'aux faubourgs les plus éloignés, disparurent au fond des fossés et des cloaques, ne laissant dans les rues que des traces sanglantes et quelques membres détachés, bientôt même engloutis par la voracité des chiens.

CHAPITRE XII.

Grande et juste était l'indignation générale contre le duc de Maddaloni, l'auteur de cette exécrable tentative qui avait arrêté la conclusion du pacte si désiré, épouvanté la ville, et lancé le peuple dans la voie périlleuse des meurtres qui conduit infailliblement à la perdition. Le ressentiment et la soif de vengeance brûlaient aussi le cœur de Masaniello, dont le vulgaire superstitieux attribuait le salut à un miracle de la sainte Vierge; publiant que les balles s'étaient aplaties, sans lui faire aucun mal, sur un scapulaire qu'il portait au cou.

Après le massacre des bandits et de beaucoup d'autres, innocents peut-être, mais soupçonnés d'être leurs complices ou leurs amis, on emprisonna les gens sur la moindre défiance; puis des patrouilles armées parcoururent tous les quartiers de la ville recherchant les fugitifs, et veillant à ce que de nouveaux étrangers ne pussent entrer; ces perquisitions eurent encore de cruelles suites, et de nombreuses têtes allèrent rejoindre celles qui ornaient déjà la place du Marché.

Ce que les masses populaires et leur chef Masaniello désiraient avec le plus d'ardeur, c'était de voir tomber entre leurs mains le duc de Maddaloni. Tandis que d'infatigables colonnes s'opiniâtraient à découvrir sa retraite, le bruit courut qu'il était caché dans le couvent de Saint-Effren des pères capucins, et la foule s'y précipita tumultueusement. Mais le duc, prévenu à temps, avait pris la robe d'un frère, s'était procuré un cheval et galopait déjà sur la route de Bénévent. Le peuple furieux, réduit à exhaler sa rage contre un palais, respecta néanmoins les joyaux, les étoffes, et la vaisselle d'or et d'argent, qui furent soigneusement enlevés, suivant les nouvelles instructions du souverain maître. Quelques malheureux valets furent mis en pièces, uniquement parce qu'ils portaient la livrée de Maddaloni.

On apprit ensuite que le matin de ce même jour,

Don Giuseppe Caraffa, frère du duc, de moitié avec
lui dans l'affaire des bandits, avait été aperçu à cheval,
traversant un faubourg écarté, en compagnie du
prieur de la Roccella et se dirigeant vers le couvent de
Santa-Maria la Nuova. Plus de quatre mille insurgés
s'ébranlent aussitôt dans le dessein de les arrêter.
Les réfugiés sont avertis par la rumeur publique;
et le prieur fait de vains efforts pour démontrer à son
ami la nécessité de chercher un asile plus sûr. Retenu
sans doute par la force de sa destinée, Caraffa s'ob-
stine à ne point bouger, et laisse sortir seul le prieur
qui parvient à s'introduire chez un teinturier, où l'on
perdit ses traces. Le couvent est assailli; les moines
cachent Don Giuseppe sans pouvoir sauver d'une mort
affreuse deux gentilshommes de sa suite ; le danger
grandissait, à mesure qu'on envahissait le couvent,
Caraffa écrivit quelques lignes au vice-roi, le priant
de faire tirer plusieurs coups de canon dans cette direction afin d'effrayer et de contenir la populace ; il
confia le billet à un laïque qui le cacha dans ses san-
dales et se chargea de le porter rapidement à Castelnuovo ; mais le messager fut arrêté, découvert, et fort
maltraité. La certitude que leur victime est si près

d'eux redoublant encore l'exaltation des révoltés; ils pénètrent partout, visitent les cellules, violent les sanctuaires et ne respectent pas même les tombeaux; c'est alors que le père Giovanni conjure le réfugié de s'enfuir et l'y décide en lui jetant sur le corps un costume de capucin. Caraffa se laisse glisser par une étroite fenêtre le long des murs de l'église, au fond du chœur; il traverse une grande cour, un magasin de soie, sort enfin dans une petite rue et monte chez une femme perdue à laquelle il promet une grosse somme pour garder le secret. Mais celle-ci, soit par terreur de la populace, soit par tout autre motif, ne l'eut pas plutôt caché sous son lit, qu'elle courut en avertir ceux qui le cherchaient. Le peuple hurla d'une allégresse furibonde en voyant à sa merci le frère de Maddaloni. Il le traîna de côté et d'autre, l'accablant de coups et d'injures pour prolonger son agonie. L'infortuné cavalier offrit inutilement de payer une énorme rançon. Comme on arrivait à la place del Ceriglio, les cris *tuez-le, tuez-le!* résonnèrent à ses oreilles; il fut criblé de coups de poignard. Enfin le fils d'un boucher termina son supplice en lui abattant la tête d'un seul revers de couperet, et ce haut fait souleva des applaudissements universels. Un homme du peuple mordit le pied du cadavre, disant qu'il allait le manger parce qu'il avait été obligé de le baiser quelques jours auparavant. Les assistants s'opposèrent néanmoins à une semblable atrocité; mais se souvenant que l'année précédente, lors du débat entre la noblesse et l'archevêque, à l'occasion de la procession de saint Janvier, Caraffa, dans la chaleur de la dispute, avait frappé le prélat du pied droit, ils le lui coupèrent, et, le plaçant avec la tête au bout d'une pique, ils portèrent ce trophée à la place du Marché, l'accompagnant des bruyants éclats de leur joie, et agitant un écriteau sur lequel on lisait : *Celui-ci est Don Giuseppe Caraffa, traître à la patrie et au très-fidèle peuple* (1).

Ces restes sanglants furent présentés à Masaniello, qui mit une barbare complaisance à les contempler, frappa plusieurs fois la tête avec sa baguette de commandement, la tira par les moustaches, lui adressa de grossiers et horribles sarcasmes, et ordonna que, le front ceint d'une couronne de papier doré, elle

(1) Il existe au musée de Naples un tableau du temps, peint par Mico Spadaro, qui représente cette scène.

fût plantée au milieu de l'infinité d'autres qui faisaient l'ornement de son quartier général. Ensuite,
le poissonnier qui aimait fort à haranguer la populace,
parla de l'inflexible justice divine, qui tôt ou tard sait
atteindre le coupable, et son discours terminé, s'occupa de faire disposer avec plus d'ordre et de symé-
trie les rangées de têtes que de nouveaux envois multipliaient à chaque instant. Le tronc mutilé de Caraffa
fut placé par son ordre sur une poutre; quant à la
tête et aux membres exposés d'abord dans une cage
de fer, il les envoya décidément à la porte du palais
ruiné de Maddaloni, offrant d'ailleurs huit cents écus
à quiconque livrerait vivant ce personnage, et quatre
cents à quiconque le présenterait mort.

Cependant l'agitation populaire était loin de se calmer; des bandes forcenées, au milieu desquelles
marchaient des femmes et des enfants, vaguaient à
travers la ville, assouvissant mille vengeances personnelles sous le prétexte de traquer les bandits et
leurs partisans. Les cris de mort retentissaient de
toutes parts; çà et là gisaient des corps décapités; le
sang rougissait toutes les mains, tachetait toutes les
murailles et profanait toutes les églises; rien n'était

respecté, rien n'était à l'abri de la furie des assassins. Jamais, jusqu'à ce triste jour, un si atroce désordre n'avait étalé tant de hideuses horreurs. — La vie de Masaniello lui-même ne paraissait point en sûreté : deux balles d'arquebuse sifflèrent très-près de lui sans qu'il fût possible de reconnaître d'où elles étaient parties.

Le chef suprême du peuple finit par s'effrayer sérieusement de cette terrible anarchie. Il résolut de la dompter à tout prix ; et se lançant hardiment au milieu de la plèbe bouillonnante, à la tête de ses hommes les plus dévoués, qu'il regardait eux-mêmes avec une certaine méfiance, au souvenir de la trahison de Perrone, il réussit enfin à se faire entendre et bientôt à se faire obéir. Il dicta de sévères mesures tendant à rétablir l'ordre et à rendre impossibles de nouveaux attentats contre sa personne. Il augmenta la prime offerte pour la tête de Maddaloni, sa pensée dominante, et défendit à qui que ce fût, sous peine de mort, *de porter manteaux ou robes longues,* de peur que l'on ne cachât des armes sous ces vêtements. L'obéissance fut si ponctuelle que le cardinal Filomarino et son clergé prirent sur-le-champ des habits courts,

et que les femmes elles-mêmes ne laissèrent plus
tomber leurs jupes qu'à mi-jambe. La peine capitale,
fut également infligée à quiconque sortirait de la ville
sans autorisation, ou voudrait s'y introduire sans prendre soin de contribuer à l'approvisionnement public.
Le poissonnier exige encore que ses partisans aient sur
leur porte un signe convenu. Il donne des instructions
pour que les châteaux soient affamés, et leurs aque-
ducs rompus. Les habitants de Naples sont contraints
à illuminer toute la nuit; de grands feux sont allu-
més sur les places; des fossés sont creusés, des barricades élevées; toutes les précautions sont prises en
cas d'attaque imprévue; enfin on veille à ce que l'eau
ne manque point à la ville, déjà consternée par cette
vague rumeur qu'un bandit avant de mourir aurait
accusé ses compagnons d'avoir empoisonné toutes les
fontaines.

Le duc d'Arcos, qu'il fût ou non d'accord avec
Maddaloni, avait songé d'abord à profiter de son ini-
tiative : il avait préparé une sortie que devait protéger
le feu du château Saint-Elme. Mais lorsqu'il sut le triste
succès de l'expédition, il recula devant le danger
d'exaspérer une populace triomphante, capable de tout

dans son exaltation. Il écrivit alors un curieux billet
au cardinal Filomarino, témoignant un vif déplaisir
de ce qui s'était passé, engageant le prélat à livrer
au peuple les bandits qu'il pourrait avoir entre les
mains, comme il le ferait lui-même, et le priant
instamment de renouer à tout prix les négociations.

Dès qu'il vit l'agitation se calmer un peu, le cardinal se hâta donc de reprendre son œuvre ébau-
chée. La situation s'était aggravée, les esprits étaient
peu disposés à la modération ; mais sachant la vénération profonde qu'il inspirait toujours à Masaniello,
il en profita pour lui proposer de soumettre immédiatement à l'approbation du vice-roi le traité qui
devait apaiser les alarmes de la ville, en comblant
les vœux du très-fidèle peuple.

La plupart des chefs du mouvement, échauffés par
les scènes récentes, s'opposaient vigoureusement à
toute transaction avec le vice-roi, proclamant une
guerre à mort à la noblesse et aux Espagnols. Mais
Genovino, indépendamment de ses intelligences secrètes, commençait à redouter les progrès irrésisti-
bles de l'insurrection, et la puissance croissante de
Masaniello, qui, de jour en jour, secouait davantage

son influence. Il travailla les esprits et les rendit plus accessibles aux paroles de paix. Le prestige de l'archevêque, fondé en grande partie sur sa haine bien connue contre la noblesse, et sur son peu de déférence pour le gouvernement espagnol, acheva de persuader le conseil, et l'on convint de soumettre à la ratification du vice-roi les fameux articles dont la lecture publique avait été empêchée par de si cruels événements.

Le messager choisi fut un clerc, neveu de Palumbo, fort ignorant et fort présomptueux, mais grand partisan des plus étranges prétentions populaires; il se nommait Giuseppe Fatturoso. Aux premières ombres de la nuit, ce négociateur parut devant le duc d'Arcos qui, prenant soin de flatter sa vanité, le reçut avec beaucoup de cérémonie, assembla le conseil, et ordonna aux secrétaires de transcrire plusieurs copies des articles; il les discutait superficiellement un à un, et finissait toujours par approuver. Le clerc dictait afin de ne point se dessaisir de l'original, et c'était d'un ton de suffisance si emphatique, que malgré la gravité des circonstances, il provoquait le rire de tous les assistants. Lorsque arriva l'article où l'on exigeait l'égalité de vote et de prérogatives du peuple et de la noblesse dans les *sédiles,* un gentilhomme de haute naissance exprima vivement qu'une telle demande était exorbitante et inadmissible. Aussitôt le petit clerc, se levant avec une colère des plus comiques, s'écria résolûment : « *Mon cher seigneur, ainsi le veut Masaniello,* » et le vice-roi répondit en lançant un regard sévère au contradicteur : « *Fort bien, fort bien; que le désir du seigneur Masaniello soit accompli!* » Ainsi marchaient les choses. Fatturoso se calma, la capitulation fut arrêtée, et l'on crut fermement que le lendemain l'ordre ressusciterait dans la ville.

Cette journée avait été terrible pour le duc d'Arcos. Non-seulement la férocité du peuple, l'audace des révoltés, et les effroyables événements accomplis sous ses yeux avaient éveillé chez lui les plus sombres pensées, mais les nouvelles les plus inquiétantes lui étaient arrivées de tous côtés. A Sorente de graves conflits avaient éclaté, et l'émeute demeurait triomphante ; à Salerne on abolissait les octrois en bafouant les autorités. Le sang coulait dans le bourg d'Aversa ; les Abruzzes, la Pouille, la Calabre étaient le théâtre des plus grands désordres.

Ce vice-roi, d'abord si opiniâtre et plus tard si indécis, commença dès lors à s'apercevoir que ses propres maladresses et les exigences impolitiques de la cour de Madrid, pourraient bien donner à ce peuple réduit au désespoir l'idée de briser les liens qui l'unissaient au royaume de Naples.

CHAPITRE XIII.

Le jour suivant, 11 juillet, on pressait activement les ouvrages de fortification dans les faubourgs. De grosses escouades à cheval sortaient à la découverte ; de nouveaux émissaires allaient souffler la haine contre la noblesse et les Espagnols, et l'on disposait encore de nombreuses pièces d'artillerie. Pendant ce temps-là les perquisitions ne se ralentissaient pas pour découvrir les brigands qui pouvaient rester cachés dans la ville, et surtout pour s'emparer du duc de Maddaloni, point de mire de la rancune sanguinaire du peuple et de son chef.

Un ordre fut publié, par lequel les nobles, sous peine de mort, étaient contraints à envoyer tous leurs laquais et serviteurs grossir les rangs populaires, avec chevaux, armes et munitions. Un grand nombre se conformèrent à cette mesure ; d'autres s'excusèrent sur le dénûment auquel l'insurrection les avait réduits, déclarant qu'ils ne possédaient plus que leur épée d'un dévouement trop douteux pour être offert.

Masaniello fixa le prix des comestibles à un taux convenable ; et comme, par suite de violences exercées la veille, les boutiques demeuraient fermées et les voituriers terrifiés, il rendit un décret en forme, menaçant de la potence quiconque molesterait le moins du monde les marchands de comestibles ou les agents d'approvisionnement ; enjoignant aux capitaines de section de ne laisser circuler isolément aucun individu armé ; et condamnant enfin au supplice des traîtres les incendiaires, les pillards et tous ceux qui tourmenteraient les paisibles habitants.

Tandis qu'il dictait ces dispositions, une femme vint l'avertir qu'on avait aperçu le duc de Maddaloni à l'Arenela, maison de campagne fort rapprochée de Naples. Masaniello fit remettre à la dénonciatrice une gratification de cinquante écus ; et doublant la récompense promise pour obtenir la tête du proscrit, il lança sur ses traces une troupe de cavaliers bien montés. Ce fut en vain, le duc avait déjà disparu:

On ne trouva que son barbier et deux laquais. Meurtris, blessés, accablés d'injures, ces trois malheureux se virent traîner devant le chef suprême, qui leur adressa mille questions sur la retraite de leur maître ; mais soit ignorance sincère, soit honorable fidélité, ils soutinrent fermement qu'ils ne la connaissaient pas. Le peuple voulait les massacrer. Masaniello les sauva, et leur rendit la liberté. Il ne fut pas moins généreux à l'égard de deux gentilshommes qui avaient encouru la peine de mort en sortant de la ville sans permis, il les gracia complétement et leur signa un laisser-passer pour continuer leur route. Un boulanger, accusé d'avoir vendu à faux poids, paya pour tous ; un frère le confessa sur place, et sa tête fut tranchée par le bourreau.

Tous les auteurs contemporains s'accordent à vanter la capacité administrative du souverain plébéien. Et véritablement le prestige de son nom et de sa présence était si extraordinaire ; l'empire qu'il exerçait sur les masses était si absolu, que les hommes les plus illustres de Naples et le cardinal Filomarino tout le premier en subissaient avec étonnement l'influence, consacrant ainsi, en quelque sorte, la superstition de ce peuple ignorant qui le croyait inspiré. Mille fables ridicules circulèrent sur son compte. On lui appliquait des phrases de l'Ecriture, et quelques-uns allèrent jusqu'à voir en lui saint Jean-Baptiste, suivant l'attestation d'une curieuse lettre du temps, dont nous avons eu sous les yeux l'original (1).

La nouvelle des événements de Naples jeta le pape et ses ministres dans une grande agitation. Le comte d'Oñate, ambassadeur d'Espagne, les irritait adroitement contre le soulèvement, et l'ambassadeur de France, marquis de Fontenay-Mareuil, parlait secrètement en faveur des insurgés. Tandis que le premier exigeait du saint-père des instructions formelles, adressées au cardinal-archevêque et à tout le clergé, afin qu'ils aidassent le vice-roi par tous les moyens imaginables à étouffer la sédition, le marquis employait sa diplomatie à susciter des obstacles et à obtenir des délais. Appréciant l'opportunité des circonstances pour soustraire ce riche pays à la domination espagnole, il expédiait en sous-main des

(1) Bibliothèque du prince San Giorgio.

émissaires chargés d'exciter partout le mécontentement, et de le faire tourner au profit de la France,
qui aspirait si ardemment à ressaisir le royaume de
Naples.

Santis rapporte qu'un jour de confusion populaire,
un inconnu déguisé en femme s'approcha plusieurs
fois de Masaniello et lui dit avec un accent étranger,
que la fortune lui offrait une belle couronne s'il
avait l'habileté de se procurer l'alliance de quelque
puissante nation, ajoutant à cela diverses phrases
pour l'engager à ne point perdre une si admirable
occasion. Mais Masaniello, sans faire le moindre cas
de ces paroles, aurait répondu rudement qu'il n'ambitionnait d'autre couronne que celle de la Vierge, ni
d'autre fortune que celle de délivrer le peuple des
impôts, voulant reprendre ensuite ses corbeilles et
continuer à vendre son poisson.

Cet épisode, certains bruits répandus par des ba-
teliers de Procida, qu'un prince français venu à
Rome s'intéressait beaucoup aux Napolitains; des
discours tenus dans les carrefours sur la nécessité de
s'emparer des forteresses, de faire une guerre à
mort aux Espagnols et d'appeler le secours de la

France, prouvent évidemment que les agents de cette
puissance agissaient de concert. Toutefois, on doit
à la vérité de dire que leurs insinuations, combattues
par Genovino, trouvaient peu de sympathie dans les
masses.

Plus ou moins exagérées, toutes ces rumeurs arrivaient à Castelnuovo. La journée s'avançait sans qu'il
fût question de régler définitivement la capitulation
déjà ratifiée. On poursuivait, au contraire, avec activité les travaux défensifs, et l'insurrection prenait
une nouvelle consistance, grâce aux décrets du chef
populaire. Le vice-roi fit porter au cardinal une lettre très-pressante : il le priait de hâter la publication
des concessions accordées, le moindre retard pouvant
attirer de nouveaux désastres. Le prélat qui sentait
comme lui la gravité des circonstances et le danger
des temporisations, multiplia ses démarches, utilisa
son autorité personnelle, et, lorsque tout lui parut
bien disposé, envoya prévenir le duc que ses désirs
allaient être satisfaits. Celui-ci, le remerciant avec
effusion dans un billet concis, lui donna toute lati-
tude pour agir suivant ses inspirations.

Le peuple était déjà convoqué à heure fixe sur la

place du Marché, afin d'entendre la promulgation solennelle du privilége, de la pragmatique, et de la capitulation. L'autorité suprême devait être remise au
vice-roi, et les rassemblements populaires allaient
enfin se dissiper, lorsqu'un nouvel incident vint ranimer la méfiance et remettre tout en question. La flotte
napolitaine, commandée par Giannetin de Doria,
arrivait de Gaëte avec un vent favorable, et naviguait
rapidement vers le port. La populace était saisie d'effroi,
et Masaniello fort troublé; mais Filomarino, qui s'en
aperçut, dépêcha son théologien consulteur pour supplier le vice-roi de faire éloigner immédiatement les
galères, et celui-ci répondit au prélat par écrit, enfermant dans sa lettre un ordre d'arrêter leur marche et
de les mettre à la disposition du peuple.

Les esprits retrouvèrent encore un peu de calme, et
le poissonnier, expédiant une chaloupe à l'amiral, lui
transmit l'ordre de virer de bord, le priant en outre de
se tenir à un mille de la côte. Doria obtempéra sur-le-
champ à cette injonction et il renvoya par la même
chaloupe un de ses officiers, chargé de saluer le chef
populaire en son nom, en le traitant d'illustrissime,
suivant le propre exemple du vice-roi. Masaniello

reçut le parlementaire avec une gravité plaisante ; puis, comme le marin lui demandait pour l'amiral la permission de débarquer, et pour les vaisseaux quelques provisions, il refusa nettement le premier point, s'opposant à ce qu'aucun homme mît pied à terre ; mais en même temps il accordait aux équipages quatre cents fournées de pain, du vin, et d'autres victuailles.

Ces difficultés aplanies, la populace se dispersa par bandes, afin de se livrer encore, en dépit des ordonnances, et en attendant l'heure de la fameuse lecture, à ses passe-temps favoris de pillage et d'incendie. Ce désintéressement et cette horreur du vol que l'on admirait tant le premier jour étaient déjà bien loin. On sacrifia dans la matinée les maisons du président Fabrizio Cennamo, de Vicenzo Cuomo et de plusieurs autres personnages de marque ; et des rixes sérieuses éclatèrent au sujet de la répartition du butin.

Enfin les préparatifs se terminèrent et l'on procéda solennellement dans l'église du Carmel à la promulgation si impatiemment attendue. Le cardinal présidait la cérémonie sous un dais élevé, devant le maître-au-

tel ; Masaniello, Palumbo, Genovino, et Arpaja se
tenaient debout à ses côtés; l'affluence du peuple était
immense. Le privilége, la pragmatique et la capitulation, d'abord proclamés en chaire, furent incónti-
nent publiés à son de trompe : puis Genovino parut
à son tour à la tribune sacrée. Il harangua le peuple,
le félicita sur son triomphe, et proposa de chanter
un *Te Deum,* dont il entonna lui-même le premier
verset ; l'assistance entière y répondit, accompagnée
par les orgues de l'église. L'enthousiasme était extrême, et bien qu'il ne manquât point de figures pâles
et désappointées pour regretter le désordre, la généralité des assistants faisait entendre de joyeux vivats
en l'honneur du cardinal, de Masaniello, voire même
du vice-roi.

Ce dernier ne fut pas plutôt instruit de cet heureux dénoûment, qu'il rentra dans son palais, puis
envoya par la ville son capitaine des gardes don Diego
Carrillo, pour exprimer publiquement sa vive satisfaction, et pour engager Masaniello à venir chercher
en personne les récompenses qu'il lui destinait.
L'invitation effaroucha beaucoup le poissonnier. Il
demanda au cardinal si les récompenses dont il s'a-

gissait ne seraient point une potence ou des chaînes;
et, malgré les assurances du prélat qui, se portant ga-
rant de sa sûreté, lui conseillait de ne point retarder sa visite, il voulut aussi consulter le peuple, et
ne se soumit à cette démarche que lorsqu'il la vit approuvée par l'opinion générale. Alors il manifesta la
ferme résolution de ne pas quitter l'archevêque, et
même il désirait se confesser à lui avant de se rendre au palais. Filomarino lui affirma qu'une telle précaution n'était nullement nécessaire, et qu'il valait
mieux attendre le retour du calme, pour s'acquitter
de ce pieux devoir sous de meilleurs auspices. Il eut
bien plus de peine encore à lui persuader qu'il devait changer de vêtements avant de se présenter au
duc, afin de paraître dans une tenue digne d'un capitaine général du peuple. Masaniello refusait opiniâtrément d'abandonner ses haillons. Il ne fallut rien
moins qu'une menace d'excommunication pour le
décider à revêtir un magnifique costume en drap
d'argent, tandis qu'on faisait faire à son jeune frère
une toilette analogue.

Comme le chef plébéien s'habilla au milieu de
la place en présence de tous, chacun fut frappé

de l'état de dépérissement et de maigreur où l'avait réduit la privation presque absolue de nourriture, de sommeil, et de repos d'esprit pendant cinq jours : il semblait un squelette animé, dit Giraffi ; à peine pouvait-il se mouvoir et se tenir debout, tant son exténuation était extrême.

CHAPITRE XIV.

Au milieu de la journée, l'archevêque dans son carrosse, ayant à sa droite Masaniello monté sur un magnifique cheval gris pommelé, richement caparaçonné, à sa gauche l'élu Arpaja également à cheval, et par derrière Genovino dans une chaise à porteur, partit de la place du Carmel, aux applaudissements du peuple, et se dirigea vers le palais. Les rues à parcourir étaient balayées avec un soin extrême, les maisons tapissées de superbes tentures ; partout une affluence énorme, mais le plus grand ordre malgré l'agitation universelle, et les cloches de toutes les églises publiant l'allégresse de la cité. Un sonneur de trompe précédait le cortége, criant par intervalles : *Vive le Roi! Vive le très-fidèle peuple!* et comme il ajoutait une fois de son propre mouvement : *Vive Ma-*

saniello! le chef plébéien indigné se précipita sur lui, le saisit par les cheveux et faillit le tuer.

A la place du château la foule devint si compacte qu'il fut impossible d'avancer davantage et l'on dut s'arrêter à Fontana-Medina. Là, le capitaine des gardes du vice-roi vint à cheval et sans armes au-devant de Masaniello, et lui exprima au nom du duc le plaisir qu'il attendait de sa visite. Le poissonnier reçut le message avec gravité et presque avec hauteur; il répondit en peu de mots, mais pleins de sens et d'opportunité. Quelques jours de puissance suprême suffisent parfois pour élever le caractère le plus humble, et pour donner un grand air à l'homme le moins policé. L'allocution du capitaine des gardes fut suivie d'une scène curieuse, dont nous allons emprunter textuellement la relation au naïf chroniqueur Aléssandro Giraffi. Il avait vu de ses propres yeux ; sa plume conserve le cachet de l'époque et la physionomie des événements.

Voici donc le récit de l'écrivain contemporain :

« Masaniello, s'arrêtant et faisant signe au peuple « de ne pas aller plus loin, en un instant cette innom- « brable multitude demeura muette et immobile

« comme par enchantement. Aussitôt Masaniello
« sauta debout sur son cheval, et d'une voix haute et
« passionnée il prononça ce discours : — Peuple bien-
« aimé, que grâces soient rendues à Dieu ! Élevons
« vers lui d'éternels et joyeux cris de reconnaissance
« pour l'antique liberté reconquise ! Qui d'entre vous
« aurait cru pareille chose ? Il semble que ce soit un
« songe, une fable; et vous voyez bien pourtant que c'est
« une réalité ! Rendons des grâces infinies à la bien-
« heureuse Vierge du Carmel, et ensuite à la pater-
« nelle sollicitude de l'excellentissime seigneur le car-
« dinal, notre pasteur. Voyons, peuple bien-aimé,
« quels sont nos maîtres à tous ?..... Répondez avec
« moi : Dieu, et la Vierge du Carmel. — Et le peuple
« répétait d'une seule voix : Dieu, et la Vierge du Car-
« mel ! — Le roi Philippe, continuait Masaniello, le
« cardinal Filomarino, et le duc d'Arcos. — Et le peu-
« ple, comme un fidèle écho, reproduisait les excla-
« mations de son général. — Celui-ci fit une pause ;
« il tira de son sein les priviléges du roi Ferdinand,
« et de l'empereur Charles-Quint, puis les nouvelles
« pragmatiques signées par le vice-roi et le conseil
« collatéral, et d'un ton plus élevé encore il conti-

« nua ainsi : — Nous voici maintenant déchargés d'un
« poids accablant : toutes les gabelles sont abolies.
« Elle nous est donc rendue cette chère liberté ac-
« cordée par le roi Ferdinand d'heureuse mémoire,
« et confirmée par l'empereur Charles-Quint. Quant
« à moi, je ne veux rien, je n'ambitionne rien que la
« félicité publique. L'excellentissime seigneur ar-
« chevêque sait bien la droiture de mes intentions,
« car je la lui ai jurée plus de mille fois. Il connaît
« bien aussi mon désintéressement ; car dès le prin-
« cipe de notre juste révolte, Son Éminence, dans
« son vif désir de voir maintenir le calme, m'avait
« offert avec une générosité royale deux cents écus
« par mois sur sa propre cassette durant ma vie en-
« tière, si je voulais renoncer à nos prétentions et
« prendre soin de vous faire transiger le plus promp-
« tement possible ; or j'ai constamment repoussé cette
« offre tout en lui exprimant de grands remercîments.
« Si Son Éminence ne m'avait pas remontré, il y
« a une heure, les impérieuses lois de l'étiquette,
« s'il ne m'avait pas effrayé par la terrible menace
« d'une excommunication, je n'aurais certes pas
« revêtu le vêtement que je porte en ce moment,

« je n'aurais certes pas abandonné mes pauvres ha-
« bits de marinier ; parce que tel je suis né, tel j'ai
« vécu, tel je prétends vivre et mourir. Après la pê-
« che de nos libertés publiques dans la mer orageuse
« de cette ville affligée, je reprendrai mon ancien-
« ne pêche ; je retournerai vendre mon poisson,
« sans m'être enrichi d'une épingle. Je vous sup-
« plie donc, puisque je ne demande pas autre chose,
« de réciter chacun un *Ave Maria* en mon intention
« lorsque je serai mort. Me le promettez-vous? —
« Oui, oui, répondit la multitude à l'unisson. Oui,
« nous le ferons bien volontiers, mais d'ici à cent
« ans. — Je vous remercie, poursuivit Masaniello, et
« l'amour que j'ai pour vous m'inspire un conseil à
« vous donner. Ne déposez point vos armes tant que
« les concessions accordées ne seront pas revenues
« d'Espagne ratifiées et reconnues par le roi notre
« sire ; et ne vous fiez jamais aux nobles, parce qu'ils
« sont vos ennemis. » (Ici il s'étendit en termes si
injurieux que l'historien les passe par convenance.)
— Il reprit : « Je vais négocier avec Son Excellence ;
« dans une heure peut-être ou demain au plus tard,
« vous me verrez probablement revenir ; mais si de-

« main matin je ne suis pas au milieu de vous, alors
« détruisez tout, mettez à feu et à sang le palais et la
« ville. Me jurez-vous d'en agir ainsi? — Com-
« ment! si nous le jurons et si nous le ferions! vous
« pouvez y compter fermement! s'écria la populace.
« — Bien, très-bien! dit Masaniello; jusqu'ici Son
« Excellence n'est pas mécontente de ce que nous
« avons fait, car Sa Majesté n'a rien perdu. Qui a
« perdu? c'est la noblesse notre ennemie. Maintenant
« elle est pauvre. Maintenant aussi sont réduits à leur
« mendicité originaire, ces loups rapaces et dévorants,
« ces fermiers d'impôts, ces fournisseurs qui achetaient
« et vendaient notre sang. Ce qu'ils perdent tourne à
« la gloire de Dieu, au service de notre roi, au bien-
« être de la ville et du royaume de Naples. Désor-
« mais, roi Philippe, tu seras le véritable souverain
« de cet illustre royaume; désormais la plus belle
« couronne qu'il ait jamais portée, ceindra le front
« du monarque espagnol; désormais ce que nous
« donnerons (et nous **saurons** toujours donner gé-
« néreusement), ce que nous donnerons lui parvien-
« dra véritablement en dépit de ceux qui cherchent
« à nuire à l'illustre maison d'Autriche; les trésors

« que nous offrirons ne s'évanouiront plus en fu-
« mée comme autrefois. C'est pourquoi le vice-roi
« est si satisfait de notre œuvre. Dans ceux que nous
« avons renversés il reconnaît ses ennemis réels. » —
« Il ajouta quelques paroles encore, puis s'adressant
« au seigneur cardinal : — Éminentissime seigneur,
« s'écria-t-il, bénissez le peuple ! — Son Éminence
« mit successivement la tête à chaque portière et
« donna, des deux côtés du carrosse, sa bénédiction
« pastorale. Le cortége fit ensuite de nouveaux et
« vains efforts pour continuer sa marche ; les masses
« étaient impénétrables. Alors Masaniello, qui voulait
« ouvrir un passage, et qui jugeait d'ailleurs peu
« prudent de laisser la foule approcher de trop près
« le vice-roi, imposa silence à tous par un simple
« geste, et défendit, sous peine de mort et de rébel-
« lion, que personne osât faire un pas de plus. Ce
« fut miracle de voir l'inviolable obéissance qu'il ob-
« tint. Il lança donc son cheval en toute liberté, suivi
« du prélat, d'Arpaja, de son propre frère, et de
« Genovino. Parvenus à la place du palais, ils ren-
« contrèrent une forte tranchée gardée par des com-
« pagnies de cavaliers et de fantassins. Tous les balcons

« du palais étaient garnis de soldats armés. Masa-
« niello se hâta de franchir la tranchée ; ainsi firent
« Son Éminence, et les autres personnages. En entrant
« dans la cour du palais, ils aperçurent sur les pre-
« miers degrés de l'escalier le seigneur vice-roi qui
« descendait afin de recevoir le seigneur cardinal. Le
« seigneur cardinal lui présenta Masaniello lequel, se
« jetant à ses pieds et les lui baisant au nom du peu-
« ple en reconnaissance des grâces accordées, lui dit
« humblement *qu'il venait se mettre sans réserve à*
« *la discrétion de Son Excellence, pour qu'elle le fît*
« *pendre ou qu'elle le fît périr sur la roue, enfin*
« *pour qu'elle fît de lui ce que bon lui semblerait.*
« Mais le seigneur vice-roi lui répondit en le relevant
« *qu'il ne l'avait jamais considéré comme un crimi-*
« *nel, ni comme ayant offensé en rien Sa Majesté ;*
« *qu'il eût donc à chasser ces tristes idées ; qu'au*
« *contraire il l'estimait beaucoup.* On dit même qu'en
« lui parlant de la sorte il l'embrassa plusieurs fois
« et que Masaniello dit encore : *que jamais il n'a-*
« *vait eu d'autre intention que de servir fidèlement*
« *Sa Majesté et Son Excellence, et qu'il prenait Dieu à*
« *témoin de la vérité de ses paroles.* — Ensuite on

« monta dans la chambre la plus retirée du palais,
« où le seigneur cardinal, le seigneur vice-roi et
« Masaniello s'entretinrent longuement des besoins
« de la ville et de la situation des choses. »

Telle est la version de Giraffi.

D'autres historiens racontent que Masaniello s'é-
vanouit aux pieds du duc, ce qui mit tout le monde
dans un grand embarras; mais qu'en lui jetant de
l'eau sur le visage on lui fit reprendre ses sens, qu'il put
monter l'escalier sans être soutenu, et qu'alors, remis
complétement, il eut avec le cardinal et le vice-roi la
conférence dont il est parlé.

A peine entamée, elle fut interrompue par les clameurs confuses de la multitude, qui peu à peu avait
envahi les abords du palais. Ce n'étaient point les
gens que Masaniello avait arrêtés sur la place du château : obéissant aveuglément à son ordre, ils n'a-
vaient pas avancé d'un pas ; mais c'était la population
des faubourgs qui affluait par d'autres rues, dans l'i-
gnorance des instructions du poissonnier. Commençant à s'inquiéter de sa visite prolongée, car il ne
manquait point d'agitateurs pour répandre le bruit
que leur chef était prisonnier, les masses criaient

qu'elles voulaient le voir et l'appelaient à grands cris sur le balcon. Troublé par ces bruyantes manifestations, et redoutant déjà une recrudescence d'émeute, le duc pria le capitaine général de céder sans retard à la sollicitude populaire. Celui-ci se montra donc accompagné de l'archevêque et du vice-roi ; il tâcha de faire entendre sa voix au milieu d'un tonnerre d'applaudissements. *Me voici sain et sauf! paix! paix!* s'écriait-il ; mais sa voix était couverte par les vivats et les acclamations les plus frénétiques ; on mettait en mouvement les cloches de Saint-Louis, auxquelles les autres répondaient à l'instant sans savoir pourquoi, mais de la façon la plus assourdissante.

Masaniello ordonna de cesser ce vacarme. L'ordre fut promptement exécuté, et les manifestations recommencèrent en l'honneur de la Vierge du Carmel, du monarque espagnol, de l'archevêque, du vice-roi, et du très-fidèle peuple napolitain. O honte! le duc d'Arcos saisi d'une sorte de stupeur en voyant l'influence électrique des regards du jeune homme et la magique puissance de sa voix, l'embrassait, essuyait avec un mouchoir brodé la sueur sur son visage, et le nommait *libérateur de Naples.* Le plébéien se tournant alors vers lui : « *Je veux que Votre Excellence juge à quel point ce peuple est docile.* » Il pose un doigt sur ses lèvres en signe de silence, et de cette mer vivante il ne s'élève plus la moindre rumeur. *Sous peine de mort et de rébellion, j'ordonne qu'on se retire, et que personne ne reste sur cette place,* prononce le poissonnier. Immédiatement, la foule s'écoule dans le plus profond silence ; la place est bientôt déserte. Le duc, le cardinal, et tous les spectateurs de cette scène demeuraient immobiles, plongés dans leur étonnement.

La conférence fut reprise. On arrêta que les transactions seraient imprimées et publiées ; que le samedi suivant on les lirait au peuple dans la cathédrale, et qu'on jurerait aussitôt de les observer, le duc d'Arcos, les conseillers, et tous les fonctionnaires offrant la solennelle assurance de leur ratification à Madrid. Masaniello parla aussi de remettre le commandement entre les mains du représentant du vice-roi. Mais celui-ci vit quelques inconvénients à le reprendre si vite ; il confirma le poissonnier dans sa charge pompeuse de capitaine général du peuple, et lui conféra même le titre de duc de San Giorgio, que le mar-

quis de Torrecusa consentait à lui céder sur-le-
champ. Toutefois cette distinction honorifique n'eut
aucune suite ; rien n'indique que Masaniello ait cherché à s'en prévaloir. Le vice-roi lui recommanda
instamment d'en finir avec les brigands, le louant
beaucoup du service qu'il avait rendu au royaume
en les exterminant ; il fit plus, il mit à ses ordres le
grand prévôt pour exécuter ponctuellement ses sentences. Plusieurs auteurs disent que le chef populaire
offrit au duc l'argent des églises, se chargeant du soin
de les dépouiller, et que sur le refus de cette proposition il promit spontanément un don considérable
pour S. M.

L'entrevue ne se termina qu'avec le jour. Le
poissonnier, oubliant son élévation subite, avait dé-
celé la bassesse de son origine par les actions les plus
ridicules et les plus humiliantes. Le duc, par de dégradantes flatteries et par de misérables complaisan-
ces, avait démenti sa dignité de grand seigneur. On
lui doit cependant quelques éloges pour avoir repoussé le conseil d'arrêter Masaniello et de tomber
avec les troupes sur le peuple surpris à l'improviste.
Jugea-t-il ses forces insuffisantes ? ou bien l'hon-

neur de son nom et la loyauté de sa parole le fi-
rent-ils reculer devant une semblable trahison?

Il reconduisit jusqu'à l'escalier l'archevêque et le
capitaine général du peuple. Ce dernier lui baisa la
main, et le duc, l'embrassant à son tour, l'appela de
nouveau hautement et publiquement *fidèle serviteur
du roi et glorieux défenseur du peuple*, et lui jeta au
cou une chaîne d'or d'une valeur de trois mille écus.
Masaniello hésitait à l'accepter, mais les instances du
donateur et la volonté du cardinal l'amenèrent à une
assez douce résignation. Le cortége s'en retourna
dans le même ordre qu'il était venu, se dirigeant
cette fois vers le palais épiscopal à travers une population joyeuse et pacifique. Les rues, magnifiquement
décorées comme celles que l'on avait parcourues le
matin, étaient, de plus, éblouissantes d'illuminations ;
les cloches avaient repris leurs bourdonnements et
célébraient cet heureux jour. Nous verrons bientôt
cependant combien les symptômes de paix étaient
trompeurs.

Au palais épiscopal de somptueux rafraîchissements
attendaient Masaniello et son entourage. Tandis qu'on
faisait honneur aux libéralités de l'archevêque, en-

tourés des prévenances du clergé, le bruit se répandit tout à coup parmi la populace que diverses bandes de brigands s'approchaient de la ville. La cause innocente de cette alarme était l'arrivée du marquis de Santelmo-Caracciolo qui, revenant de ses terres accompagné d'une nombreuse suite de valets à cheval, avait éveillé la défiance des révoltés placés aux portes de la ville; on avait tiré sur ses gens sans autre examen, et l'on se disposait à le mettre en pièces lui-même sans vouloir écouter ses explications. La marquise douairière sa tante, avertie de sa périlleuse situation, courut sur-le-champ auprès de l'archevêque pour le conjurer de sauver son neveu. Masaniello, touché de ses pleurs et de ses justes réclamations, lui prit la main, la tranquillisa et l'assura que le marquis allait recouvrer sa liberté. En effet, il expédia précipitamment l'un de ses familiers, et le prisonnier fut tiré sain et sauf des mains de ces furieux.

Le chef populaire ne songea que fort tard à se reposer des fatigues de la journée. Le cardinal le fit reconduire dans son carrosse jusqu'à la place du Marché, en compagnie de son frère, de Genovino et d'Arpaja. La nouvelle de l'invasion des bandits avait

semé partout l'inquiétude. Les postes étaient doublés,
on formait des patrouilles, des feux brillaient sur les
places et dans les carrefours ; on passa toute la nuit
sous les armes, en alertes continuelles.

CHAPITRE XV.

Les conditions proposées par le peuple étaient acceptées par le vice-roi. Le privilége de Charles-Quint rétabli dans toute sa vigueur, les gabelles abolies sans restrictions, les motifs de révolte avaient entièrement disparu. Il semblait donc naturel que les esprits se calmassent, que tout rentrât dans l'ordre, et que l'autorité légitime remplaçât la dictature du poissonnier. Cependant les choses furent loin de se passer ainsi, et le jour qui suivit cette entrevue où l'on avait cru toutes les difficultés levées fut précisément l'un des plus turbulents, l'un de ceux où le chef plébéien étala davantage son orgueil grossier, et fit peser le plus durement son odieux despotisme.

Le bruit qu'une seconde expédition de bandits menaçait la ville avait fait de rapides progrès durant la nuit, exaltant toutes les têtes, et préparant pour la matinée de nouveaux éléments de troubles.

Masaniello laissa de côté les somptueux habits de la veille, reprit son costume de pêcheur, et réinstitua son tribunal de la Grande Place; non plus sous le dais précédemment construit, mais à la fenêtre de sa propre habitation où les pétitions et les mémoires lui étaient présentés au bout d'une pique. En rendant ses décrets il tenait à la main, prêt à faire feu, une arquebuse mèche allumée, et plus de deux mille hommes armés stationnaient toujours à sa porte, exécutant sans réplique ses moindres volontés.

Il envoya de fortes colonnes garder à l'extérieur les abords de la cité; à l'intérieur il chargea ses lieutenants les plus dévoués de rechercher et d'exterminer impitoyablement tous les bandits qui pourraient encore avoir trouvé un refuge. On peut imaginer si les exactions et les vengeances particulières jouèrent un rôle important dans ces perquisitions. Le résultat fut de lui fournir un nouveau contingent d'une centaine de têtes pour ses horribles décorations de la place du Carmel. Ensuite il réitéra ses défenses de porter des habits longs; et comme on prétendait avoir saisi un brigand déguisé en femme dont les armes étaient dissimulées sous ses vêtements, il décida que toutes les robes seraient coupées à la hauteur du genou, ce à quoi durent se soumettre non-seulement les femmes du peuple, mais aussi les plus illustres dames.

Il réduisit considérablement le prix du pain, et fit brûler vif dans son propre four un misérable boulanger qui résistait à ses injonctions. Quatre brigands découverts au fond d'un faubourg lui ayant été amenés, il ordonna que leurs têtes fussent tranchées avec le couteau de la halle aux poissons. Le vertige de meurtre s'était véritablement emparé de Masaniello. Pour rendre les exécutions plus violentes et plus notoires, il établit au milieu de la rue de Tolède, en vue du palais, un gibet colossal muni des plus effroyables instruments de mort, et de deux bourreaux qui ne passèrent point leurs journées dans l'oisiveté.

On arrêta à la Marinella une felouque suspecte, venue des côtes de Sorente, montée par six matelots et quatre hommes armés. Un paquet de lettres ayant été trouvé sur l'un d'eux, l'équipage entier fut traîné devant le souverain maître, et la correspondance reconnue pour être celle du duc de Maddaloni avec

son secrétaire; mais comme elle était écrite en chif-
fres inintelligibles et en généralités ambiguës dont il
était impossible de tirer aucune lumière, les prisonniers subirent un long interrogatoire dans lequel ils
assurèrent ne rien savoir qui concernât le duc, et ne
point connaître les individus qui avaient frété leur barque. Soumis alors à d'affreuses tortures, ils durent
confesser mille absurdités contradictoires, et l'on finit
par les décapiter.

Cet événement augmenta les craintes de la populace, qui redoutait sans cesse de nouvelles machinations de l'implacable Maddaloni. Quant à Masaniello,
il ne rêva plus que complots dirigés contre sa vie; sa
cruauté et sa soif de sang n'eurent plus de bornes;
il condamnait indistinctement tous les infortunés
qu'on lui amenait sur de simples soupçons, envoyant
à la potence et à la roue ceux que la multitude ne se
chargeait point de mettre en morceaux.

Il décida, ce jour-là même, que tous prêtres ou religieux rencontrés dans les rues seraient conduits en sa
présence; il voulait, disait-il, juger par lui-même s'ils
étaient véritablement gens d'Eglise, et non pas des
émissaires déguisés. La mesure, fidèlement exécutée,

causa mille vexations à des hommes inoffensifs ; trop
heureux lorsqu'un ennemi privé ne les vouait pas au
dernier supplice en les qualifiant de bandits. Ordre fut
signifié sous peine de mort, à tous individus réfugiés
dans les couvents ou maisons particulières, de retourner immédiatement chez eux, attendu qu'on allait entreprendre une perquisition générale. Aussitôt on vit
passer de tous côtés les visages mornes d'ecclésiastiques, de négociants étrangers, de vieillards, de malades
et de femmes quittant l'asile qu'ils avaient choisi, afin
de n'être point assassinés. Ordre fut également donné
à tous marchands et artisans de rouvrir à l'instant
leurs ateliers ou boutiques et de reprendre les travaux
accoutumés. On obéit sans réplique. Enfin, pour éviter l'encombrement, le chef populaire fit dissiper les
masses, et posta au coin de chaque rue une escouade
de cinq hommes. Environ trente mille insurgés demeurèrent ainsi sous les armes, gagnant chacun un
carlin, le pain, la viande, et une ration de vin.

La plupart des crimes de cette funeste journée furent accomplis par la fameuse *compagnie de la mort*
dans laquelle figurait, au premier rang, le célèbre
peintre Salvator Rosa. Nous avons examiné avec at-

tention plusieurs tableaux de lui reproduisant des
scènes de l'insurrection; mais quoiqu'il fît partie de
cette bande sanguinaire, nous ajoutons peu de foi
à sa prétendue intimité avec Masaniello, non plus
qu'aux étranges aventures que lui attribue la plume
romantique d'une illustre Anglaise.

Quelques gentilshommes, pour se concilier les bonnes grâces du dictateur, imaginèrent de lui envoyer
des chevaux de luxe et des joyaux de grand prix; il
les refusa sèchement déclarant qu'il ne voulait rien
accepter de la noblesse. — Des espions vinrent lui
annoncer que dans les chapelles et les monastères
étaient enfouies des richesses considérables appartenant aux personnages dont les palais et les maisons
avaient été saccagés les jours précédents. Il ordonna
sur-le-champ une reconnaissance générale de tous les
endroits indiqués, et l'on déterra effectivement une
grande quantité de bijoux, de vaisselle et d'argent
monnayé. On ne détruisait plus ; les trésors, transférés
soigneusement aux magasins de la place du Marché ,
furent destinés à la solde des troupes de l'insurrection, et à grossir le don volontaire qui devait être offert au roi d'Espagne. Divers auteurs assurent que

des pensées cupides et ambitieuses commençant à germer dans le cœur du poissonnier, il espérait s'approprier toutes ces richesses ; mais l'état de misère dans lequel il laissa sa famille, prouve du moins que s'il conçut de semblables projets, il ne sut point les réaliser. Ce qu'il y a de certain, c'est que la valeur des trouvailles atteignit un chiffre énorme, puisqu'une seule fouille produisit cent mille écus, sans qu'on en fît mention particulière.

Incendier le palais du duc de Maddaloni, c'était l'idée fixe de Masaniello ; mais il luttait contre ce désir incessant par la crainte que des poudres n'y fussent préparées pour une effroyable explosion. Il dépêcha donc quelques-uns de ses satellites, avec mission d'explorer minutieusement les lieux et d'en achever le pillage. Ceux-ci trouvèrent dans le palais deux Maures esclaves du duc, qu'ils conduisirent à la place du Marché. Le dictateur leur enjoignit de déclarer à l'instant tout ce qu'ils savaient de relatif à leur maître, et de se faire baptiser sans objection. L'un d'eux repoussa opiniâtrément cette double exigence, et périt sur la roue après avoir enduré les plus atroces tortures avec le stoïcisme musulman. L'autre, offrant, sans hésiter d'abjurer le mahométisme, déclara que le duc son maître avait résidé momentanément à Bénévent, d'où il était parti pour les montagnes de la Calabre afin d'y réunir une armée de brigands. En récompense de ses révélations spontanées et de sa docilité à embrasser le christianisme, le converti fut immédiatement nommé capitaine de l'une des compagnies composant la garde prétorienne du poissonnier.

Un changement notable s'opérait dans le caractère de l'homme extraordinaire qui avait organisé le mouvement. Il devint tout à coup soupçonneux, taciturne, insatiable de pouvoir ; sa crainte continuelle de tomber dans quelques embûches en avait fait une bête féroce ; il fuyait tous les conseils, et ne souffrait plus la moindre observation. Il agissait par lui-même, il éloignait avec une aigreur dédaigneuse Palumbo, Genovino, et l'élu Arpaja. Recherchant les ovations, savourant la flatterie, il en vint à concevoir des rêves d'autorité durable et d'ambition illimitée ; mais ne sachant comment parvenir à leur réalisation, il y travaillait de la façon la plus contradictoire et la plus extravagante. L'idée lui passa par l'esprit de convertir en magnifique palais son humble demeure, et tout aussitôt la démolition des maisons environnantes fut entreprise, sans écouter le moins du monde la clameur des intéressés. Il manda des architectes, puis des maçons, et aussi divers marchands, appelés à fournir les plus riches étoffes. Il n'oublia point la formation d'une nombreuse livrée, et commença d'entremêler à ses manières incultes des airs pompeux de grand seigneur. Pauvre Masaniello !

Son antipathie pour l'aristocratie grandissait en proportion de ses efforts à la plagier ; et ce jour-là, deux gentilshommes lui ayant fait demander justice par leurs procureurs dans une affaire contentieuse, il refusa de les entendre en vomissant mille injures contre la noblesse. Mais la haine qui lui rongeait le cœur, le point de mire de son ardeur vindicative était plus que jamais le fugitif Maddaloni. Dans son impuissance à l'atteindre, il fit assassiner tous ceux qu'on lui indiquait au hasard comme ses serviteurs ou ses protégés ; puis il courut, escorté de ses sicaires les plus furibonds, assaillir un second palais de ce personnage, situé sur la côte de Chiaja. Avant d'y allumer l'incendie, il se promena dans les appartements, criblant de coups de hallebarde les portes et les tapisseries. Enfin ayant aperçu au fond d'une galerie les portraits du duc et de son père, il entra dans un tel accès de rage, qu'il poignarda l'image du vieillard, découpa la tête du fils, et l'emporta triomphalement à la place du Marché après lui avoir crevé les yeux. Elle fut accrochée à la poutre où pendait encore le cadavre à moitié corrompu du malheureux frère de Maddaloni, Don Giuseppe Caraffa. Étrange coïncidence! cette tête peinte, et ce cadavre mutilé figuraient précisément à la place, où peu d'années auparavant avait subi le dernier supplice l'innocent et infortuné prince de Senza, victime d'une trame odieuse ourdie par les deux frères; le portrait de l'un et les misérables restes de l'autre semblaient figurer là pour proclamer une justice supérieure à celle des hommes (1).

Le capitaine général du peuple rendit ce jour-là même divers décrets administratifs, notamment sur l'approvisionnement des huiles (2). De son côté, le vice-roi, retiré de nouveau à Castelnuovo, en publiait un relatif aux bandits, validant ainsi ceux de Masa-.

(1) Giraffi.
(2) Voir l'Appendice, à la fin du n. 8.

niello, par ce principe constant devenu son idée fa-
vorite, de vouloir que l'autorité suprême parût toujours émaner de lui (1) ; ensuite, afin de ne pas
interrompre les bonnes relations, malgré l'horreur
de cette désastreuse journée, il fit demander des provisions de bouche que l'homme du peuple s'empressa
d'expédier en y joignant un convoi de fourrages pour
ses écuries.

La duchesse d'Arcos s'était mise aussi en communication officieuse avec la femme du poissonnier. Elle
lui envoya des joyaux et des habits magnifiques
dont celle-ci ne tarda pas à se parer, affectant des
airs d'un haut comique vis-à-vis de ses parentes et de
ses amies, toutes de la plus humble condition.

Dans l'après-midi trois galères arrivèrent en vue
de Naples, et l'amiral Doria en avertit le vice-roi qui,
fidèle à sa politique de complaisance, ordonna de les
mettre à la disposition de Masaniello, lequel leur
recommanda de jeter l'ancre le plus loin possible, et
leur promit des vivres en abondance, pourvu que
personne ne débarquât.

Le soir le cardinal-archevêque se rendit au Carmel,

____

(1) Voir l'Appendice, à la fin du n. 9.

sous prétexte d'invoquer la Vierge, mais en réalité pour essayer d'adoucir cet homme intraitable, arbitre absolu de la ville. Masaniello le reçut avec les marques du respect le plus profond ; il écouta humblement ses remontrances, et finit par le prier de monter au clocher de l'église afin de bénir le peuple et son épée de capitaine général.

Le prélat fut blâmé par les gens sensés d'avoir satisfait à cette double exigence ; et véritablement sa foi ne pouvait pas être bien vive dans la bénédiction qu'il donnait à une plèbe souillée de sang, éclairée par les derniers rayons d'un soleil témoin de tant d'horreurs, au milieu d'une enceinte entourée de débris humains, et sous l'influence d'une atmosphère empestée par une fétide exhalaison de cadavres.

Jamais la tyrannie populaire ne s'était montrée si hideuse ; le despotisme du misérable poissonnier atteignait les dernières bornes du possible. Plus de quinze cents personnes avaient péri par le poignard des assassins, par la hache des bourreaux ou par le supplice du feu. Les quatre cent mille habitants que comptaient déjà la ville et les faubourgs de Naples, atterrés devant l'inexorable frénésie du dominateur,

se plièrent servilement à ses plus extravagants caprices !...

Le vendredi 12 juillet 1647, sixième jour du
soulèvement, est resté gravé dans la mémoire des
Napolitains ; les souvenirs s'en transmettent encore
aujourd'hui de père en fils.

CHAPITRE XVI.

Réfugié pour la seconde fois à Castelnuovo, le duc d'Arcos était fort abattu et fort découragé. Il voyait crouler tous ses plans, son inépuisable condescendance n'avait rien produit de bon, l'autorité du prodigieux plébéien allait toujours croissant; le peuple se montrait d'instant en instant plus furibond, plus tenace, moins disposé à entendre la raison. Le duc eut plusieurs conférences avec l'archevêque et Genovino pour chercher avec eux quelque remède à la situation. Les deux conseillers, appréciateurs habiles des circonstances et désireux d'en sortir le plus tôt possible, exhortèrent le vice-roi à la prudence. On ne pouvait en finir d'un seul coup avec le pouvoir colossal de Masaniello; il fallait donc temporiser jusqu'au moment où son prestige commencerait à décliner, ce qui ne pouvait manquer d'arriver promptement, grâce à ses cruautés et à ses folies. Ils tombèrent tous trois d'accord que le point important était de ne pas différer la cérémonie du serment qui devait être prêté solennellement dans la cathédrale, afin d'enlever tout prétexte plausible à la révolte et de frapper la multitude par un spectacle imposant.

Le cardinal et Genovino se chargèrent des pompeux préparatifs. Le vice-roi s'occupa de faire imprimer rapidement les conventions arrêtées, lesquelles, distribuées au peuple avec profusion, témoigneraient de sa bonne foi et de sa bonne volonté.

Le 13 juillet, au point du jour, les meneurs recommençaient déjà leurs prétendues recherches de brigands. C'était, on le sait, le manteau le plus commode pour couvrir le pillage et les vengeances privées; d'ailleurs ces craintes affectées de machinations occultes et de dangers permanents servaient très-utilement à entretenir l'effervescence populaire. Masaniello siégeant toujours à son tribunal, reprit aussi le gouvernement des affaires publiques. Les premiers prisonniers amenés devant lui furent de vieux mariniers saisis dans les boutiques au moment

où ils quêtaient pour certaines fortifications mysté-
rieuses. Leurs têtes tombèrent à côté de celles des
misérables que l'on présentait sous le nom de bandits. De soi-disant serviteurs de Maddaloni subirent
le même sort. On les accusait de cacher des cor-
respondances en chiffre au fond de leurs chaussures.

Le poissonnier poursuivit activement les perquisitions dans les couvents et dans les églises, de peur
de laisser échapper quelques trésors. Il fit élever de
nouveaux instruments de mort en différents endroits
de la ville ; enfin la septième journée de l'insurrection s'annonça sous d'aussi affreux auspices que la
précédente.

Dès le matin, le dictateur publie des ordonnances
de police, en infligeant la peine de mort sans rémis-
sion pour la plus légère contravention à leur plus in-
signifiant article. Puis il s'occupe de pourvoir à diverses charges publiques. Il nomme mestre de camp un
certain Andrea Polito, batteur d'or, homme de la
plus infime populace, brutal et ignorant, grand
ennemi des Espagnols, et l'un de ceux qui s'étaient
brillamment distingués dans les récents assassinats.
Il assigne le commandement d'un faubourg au frère

de Palumbo, connu par sa violence, et celui d'un autre à Gennaro Annese, maître arquebusier, destiné par la suite à jouer un rôle marquant. Pour les emplois d'une moindre importance, il les distribue entre ses créatures les plus sanguinaires, les plus féroces et les plus sourdes à toute espèce d'accommodement.

Le nouveau mestre de camp, plaçant son amour-propre et sa gloire dans le raffinement inouï de ses cruautés, les autres chefs, afin de ne point se laisser primer, se montrèrent inexorables pour quiconque leur fut dénoncé comme suspect, à tort ou à raison. Les plus exécrables crimes devinrent un sujet d'émulation ; la ville hérissée d'échafauds fut bientôt semée de cadavres. Enfin l'état-major, impatient de manifester son ardent patriotisme et son dévouement sans bornes au dominateur, adroitement influencé d'ailleurs par les instigateurs étrangers qui désiraient pousser plus avant les choses, se rendit en corps auprès de Masaniello et lui représenta que dans l'intérêt de sa propre sûreté aussi bien que de celle du peuple, il était indispensable que la garde du château Saint-Elme lui fût provisoirement confiée, jusqu'à

ce que la capitulation revînt à Naples, validée par le
roi d'Espagne. On se souvient que cette prétention
s'était déjà produite lors de la conférence du Carmel,
où elle était tombée devant les arguments du cardinal
et de Genóvino ; maintenant elle reparaissait formu-
lée par les principaux chefs populaires, et appuyée
de si bonnes raisons, que le poissonnier l'accueillit
chaleureusement et courut prier l'archevêque de la
transmettre sans retard au vice-roi. Le sage prélat
ne voulut pas combattre la motion dans le premier
moment d'enthousiasme ; il porta donc le message à
Castelnuovo, et le duc d'Arcos répondit : que, disposer du château Saint-Elme et des autres forteresses
fermées, n'était pas en son pouvoir, attendu que les
gouverneurs espagnols, recevant directement du roi
leur titre et leur commandement, ne pouvaient les
remettre à qui que ce fût sans un ordre exprès et di-
rect signé de Sa Majesté ; que dans le cas même où
son désir de complaire au peuple l'entraînerait à demander une telle chose, il ne serait pas obéi ; qu'ainsi donc on n'exigeât pas de lui l'impossible, et qu'il
affirmait derechef sur sa parole, que les conditions
une fois acceptées et jurées par tous, le souverain les

ratifierait promptement. — Filomarino rapportant
cette réponse au chef populaire, y joignit encore les
raisonnements les plus propres à le convaincre ; si
bien que Masaniello, véritablement persuadé, rejeta
avec énergie la proposition de ses lieutenants, et pour
couper court à de nouvelles réclamations, décréta
la peine capitale contre ceux qui, à l'avenir, oseraient
parler d'occuper, sous n'importe quel prétexte,
l'une des forteresses ou l'un des châteaux de Sa
Majesté (1).

A midi, le duc revint au palais où il eut avec Genovino et Arpaja une conférence officielle, touchant
le cérémonial à suivre dans la prestation du fameux
serment. Pendant ce temps-là le cardinal disposait
l'église, et le capitaine général mandait, sous peine de
mort, sanction indispensable de tous ses arrêtés, que
les rues fussent balayées sur le parcours de la procession, que les maisons fussent ornées de belles tapisseries, et que tous les habitants de Naples partici-
passent à la solennité populaire (2).

L'approche de la fête changeait peu à peu l'aspect

(1) De Santis.
(2) Giraffi. — De Santis.

de la ville ; les bourreaux essuyèrent leurs souillures, les gibets disparurent, les édifices furent revêtus de superbes tentures, la plèbe oublia ses armes, et le soin des préparatifs calma les têtes, en distrayant les esprits. Ainsi les masses populaires tombent sans transition d'un extrême dans l'autre ; ainsi les hommes, isolés ou réunis, se laissent entraîner par l'impression du moment, passent instantanément d'une passion à une autre, s'agitent et se calment sans savoir pourquoi, obéissant toujours en aveugles aux impulsions les plus légères et les plus inconnues. Les idées religieuses n'exercèrent pas une médiocre influence dans la transfiguration opérée ce jour-là. C'était précisément un samedi, jour de la Vierge, et l'on approchait beaucoup de l'anniversaire consacré à Notre-Dame du Carmel. Cette coïncidence, soigneusement constatée par la foule, fut considérée comme d'un excellent augure pour le retour du calme et de la prospérité.

Ce n'était point sans une grande méfiance et sans de vives appréhensions que le vice-roi se disposait à traverser la ville ; il s'attendait tellement à devenir victime de la populace, qu'il fit son testament, remplit ses devoirs de chrétien, et chargea le cardinal

Trivulcio, accidentellement à Naples, de prendre le
gouvernement du royaume en son lieu et place, s'il
venait à succomber, jusqu'à ce que Sa Majesté eût
pourvu à son remplacement suivant son bon plai-
sir(1). Craintes chimériques! Il ne tarda pas à reconnaître que loin de conspirer contre sa vie, personne
n'avait même songé à lui manquer de respect.

A deux heures de l'après-midi, il sortit du palais
dans son carrosse de gala suivi de beaucoup d'autres
dans lesquels figuraient les fonctionnaires du royaume,
et entouré de pages et d'écuyers à pied et à cheval.
Cent cavaliers espagnols marchaient en avant précé-
dés de cimbaliers et de trompettes; Masaniello avec
son habit de drap d'argent, et son frère revêtu d'un
costume, où l'argent brillait sur un fond bleu céleste,
se tenaient aux portières, montant de superbes chevaux magnifiquement caparaçonnés. Par derrière venaient: Genovino, en chaise à porteur à cause de son
grand âge, puis enfin Arpaja, Palumbo et les autres
chefs populaires, chevauchant fièrement et mieux

______

(1) *Nicolaï, istoria overo narratione giornale dell' ultime revoluzioni
della città e regno di Napoli.* (Nicolaï était secrétaire du cardinal Trivulcio.)

armés qu'il ne semblait convenir à une cérémonie si
pacifique.

La procession prit par la rue de Tolède ; le vice-
roi, sur son passage, reçut d'unanimes témoignages
d'un respect profond, sans entendre une seule parole,
sans apercevoir un seul geste dont il eût à s'offenser.
Dans toutes les rues il vit des portraits de Philippe IV
et autres rois ses prédécesseurs, abrités sous de riches
dais. De tous côtés retentissaient les cris : *Vive le
roi d'Espagne! Vive le duc d'Arcos!* et celui-ci, mettant
la tête à la portière de son carrosse, répondait : *Vive le
très-fidèle peuple napolitain!* Ce fut donc au milieu
des manifestations les plus sympathiques, que le brillant cortége arriva jusqu'à la cathédrale. Masaniello
et son frère mirent pied à terre avec empressement,
ils tendirent la main au vice-roi pour l'aider à descendre de carrosse, et le grand-aumônier du royaume,
Don Juan de Salamanca, se décida sur un regard ex-
pressif du duc, auquel il présentait l'eau bénite, à rendre le même honneur au capitaine général (1).

Au centre de la nef principale, le cardinal archevêque, couvert des ornements pontificaux, reçut le

____

(1) De Santis.

vice-roi à la tête du chapitre et du haut clergé ; puis
l'ayant conduit au dais préparé pour lui vis-à-vis du
sien, Masaniello occupant un siége à la droite du prélat et tous les fonctionnaires étant placés selon leur
rang, le conseiller Donato Coppola, duc de Causano,
secrétaire général du royaume, lut à haute et intelli-
gible voix les articles accordés. Écouté avec l'attention la plus profonde et l'intérêt le plus puissant, il ne
fut interrompu que par les explosions de l'enthousiasme universel, ou par les explications, observa-
tions et commentaires que lançait le rustre poissonnier malgré l'improbation générale, donnant alternativement à sa voix aigre et pénétrante l'intona-
tion emphatique de la chaire ou l'accent impérieux
du dictateur (1).

Là lecture terminée, l'élu du peuple suivi du corps
municipal s'approcha respectueusement du vice-roi,
le remercia au nom de la ville, et dans un discours
fort adroit le pria de sanctionner par un serment solennel les grâces qu'il venait d'accorder. Alors le duc
d'Arcos, debout, la main droite posée sur les Évan-
giles, qui lui furent présentés par l'archevêque, jura

(1) Giraffi.

d'observer les conventions arrêtées et de solliciter activement l'approbation royale. — Avait-il déjà l'arrière-pensée d'employer le parjure comme une de ces tristes ressources gouvernementales dont il donna trop souvent l'exemple? Nous ne saurions l'affirmer positivement; mais sa conduite postérieure, indigne de son grand nom, donne à penser que ce serment religieux et solennel ne fut qu'un nouvel acte de faiblesse et de mauvaise foi.— Après le vice-roi, les conseillers et les dignitaires jurèrent à leur tour sur les saintes Écritures, en suivant l'ordre hiérarchique; puis l'on entonna majestueusement le *Te Deum.*

Tandis que les chants se mariaient aux sons des orgues et d'une musique éclatante, Masaniello se tenait debout, l'épée nue, ébloui de son triomphe, exalté par les applaudissements populaires et par la déférence que lui accordaient les autorités supérieures. La magie de ce spectacle lui fit sans doute perdre la tête, car il appela impérieusement l'un des gentilshommes de l'archevêque et l'envoya plusieurs fois au vice-roi, chargé des messages les plus absurdes et les plus impertinents. Tantôt il lui signifiait qu'il entendait conserver le commandement de la

ville comme capitaine général, et qu'il exigerait, à
ce titre, une garde devant sa porte, ainsi que le droit
de délivrer des brevets d'officiers dans l'armée; tantôt il manifestait la ferme intention d'expulser tous
les nobles et tous les riches des châteaux où ils s'é-
taient réfugiés; inventant toujours quelques nouvelles exigences non moins extravagantes et d'un augure
non moins fâcheux. Le duc d'Arcos, pour ne point
troubler la cérémonie religieuse, disait oui à chaque
demande, dissimulant l'irritation et la méfiance que
lui inspiraient de telles ambassades; et comme
le messager confus de ses propres démarches s'en
excusait auprès de lui, il le pria au contraire de les
continuer sans se rebuter, de peur de susciter imprudemment un éclat déplorable dans un moment où le
devoir était de temporiser à tout prix.

Ce manége se prolongea donc tant que dura le *Te
Deum;* lorsque le dernier chant se fut perdu dans
l'espace, lorsqu'on ne songeait plus qu'à sortir de
l'église, Masaniello éleva la voix et dans un long
discours d'une incohérence inimaginable, où des
périodes d'une véritable éloquence s'entremêlaient
aux idées les plus bizarres, prenant des airs d'il-

luminé et *passant en un instant de la modestie
des anges à l'orgueil de Satan,* il parla du peuple,
de la noblesse, du roi, de ses propres services rendus
à la couronne, de la loyauté napolitaine, des gabelles,
des fermiers de l'impôt, des bandits, du duc de Maddaloni, enfin de tous les événements accomplis, con-
cluant suivant sa coutume par répéter qu'il voulait
revenir à son humble condition de poissonnier, afin
de prouver au monde entier que l'amour du roi et de
la patrie lui avait seul inspiré cette entreprise si heureusement couronnée. Il déclamait avec violence et
comme possédé d'un accès de folie; il commençait à
lacérer son splendide costume, courant du cardinal
au vice-roi pour qu'ils l'aidassent à s'en débarrasser,
tout en faisant de telles contorsions et de telles gri-
maces, que la multitude s'en impressionnait vivement.
L'archevêque et le duc stupéfaits lui rappelèrent
qu'il était dans la maison du Seigneur, et que ses
bonnes intentions pouvaient seules excuser l'inconve-
nance de ses gestes ; ils le continrent et le calmèrent
à force de douceur et de bonnes raisons; le repentir
produisit alors l'abattement (1).

(1) Giraffi.

L'archevêque accompagna le vice-roi jusqu'à la
porte, et le nombreux cortége se dirigea vers la place
du Marché, dans le même ordre qu'il était venu à la
cathédrale, entouré de la même affluence, escorté des
mêmes vivats. Comme il défilait devant la chétive
maison de Masaniello, la femme du poissonnier se fit
voir à sa fenêtre, parée des présents de la vice-reine,
et le duc d'Arcos se découvrant en sa présence la sa-
lua aussi respectueusement que s'il eût aperçu la
plus illustre princesse (1); après quoi, salué à son tour
par les salves royales des trois châteaux et par l'é-
branlement de toutes les cloches, il rentra dans son
palais, comme les derniers rayons du soleil disparais-
saient derrière la cime verdoyante du Pausilippe.

(1) De Santis.

CHAPITRE XVII.

La cérémonie solennelle du serment, célébrée la
veille au soir, avait changé totalement la physionomie
de Naples ; ses habitants jugeaient leur tranquillité
définitivement acquise par cette satisfaction donnée
au soulèvement. Les masses elles-mêmes paraissaient
aussi pacifiques et conciliatrices, ce dimanche 14 juillet, qu'elles s'étaient montrées féroces et indomptables
le samedi matin. Une minorité turbulente parcourait
seule les places et les rues, poussant encore des clameurs provocantes et détournant l'imprudent poissonnier de toute idée de franche union.

Certes il régnait dans les esprits une diversité d'o-
pinions extrême ; mais tous, presque sans exception,
inclinaient pour la paix et pour le rétablissement
des autorités légitimes, désormais liées par serment

à la réhabilitation et au soutien des franchises populaires. Les uns, ceux de meilleure foi, croyaient sincè-
rement que la misère publique touchait à son terme,
que les bandits étaient anéantis, et les droits du peuple
égalés à tout jamais dans les sédiles aux droits de la
noblesse, ils vénéraient Masaniello comme-un héros,
comme un être inspiré du ciel, mais dont la mission
était accomplie; d'autres, qui croyaient aussi aux anciens priviléges reconquis, à la validité de la capitulation et à l'impossibilité de nouvelles exactions pour
l'avenir, tout en avouant la reconnaissance positive
due au libérateur, n'en désiraient pas moins vivement
le prompt rétablissement du pouvoir royal, craignant
de voir surgir une nouvelle tyrannie bien plus cruelle
et bien plus difficile à secouer. Quelques-uns voulaient une restauration complète et absolue du vice-
roi, dans l'espoir qu'une réaction violente et des
châtiments exemplaires vengeraient leurs griefs personnels, et feraient disparaître jusqu'aux traces de
tant d'affreux désordres. Un certain nombre enfin,
nourrissant une méfiante inquiétude, doutaient que
la capitulation fût ratifiée par le roi d'Espagne, hé-
sitaient à déposer les armes, et n'abandonnaient

point la prétention d'occuper le château Saint-Elme.
Ils repoussaient la domination du vice-roi qu'ils
abhorraient, et pourtant ils en désiraient une autre
que celle de Masaniello, le regardant de mauvais
œil depuis ses inutiles et sanglantes barbaries, depuis
qu'il laissait percer son orgueil et son avarice, depuis
que l'incohérence de ses actes et de ses paroles com-
promettait gravement la situation. Mais, ainsi qu'il
arrive toujours, ceux qui dominaient étaient ceux de
la minorité séditieuse; c'étaient les aveugles partisans
du poissonnier, les chefs de quartier, les hommes
sans aveu, remuants, envieux, avides de vengeance
et de butin; plus audacieux, plus unis que les autres,
ils agissaient avec plus d'ardeur, entretenant, malgré
la population, le feu de la révolte au milieu d'elle,
prêts à embraser de nouveau toute la cité!

Un vice-roi moins discrédité que le duc d'Arcos,
d'une bonne foi moins douteuse, d'une résolution plus
ferme, et surtout plus disposé à employer énergiquement les moyens francs et honorables, qui produisent
toujours d'heureux résultats lorsqu'ils réunissent le
bon droit à l'opportunité, eût pu tirer un parti très-
avantageux de l'état des esprits ce jour-là; il eût

étouffé le germe de nouveaux désastres ; mais le duc,
indécis, se défiant de ses propres forces, fermant l'o-
reille aux conseils des gens expérimentés, espérant
tout du temps et n'employant misérablement que des
manœuvres occultes, ne sut rien faire, laissa échapper l'occasion favorable, et vit pour la seconde fois
sans s'émouvoir, l'autorité souveraine injurieusement
méprisée dans sa personne.

Quant à Masaniello, il agissait exactement comme si
l'insurrection fomentée par lui n'avait pas encore at-
-teint son but, et comme si les conventions jurées n'a-
vaient aucune portée. Oubliant ses promesses si fré-
quemment réitérées de reprendre son ancien métier,
dès qu'il aurait obtenu l'abolition des gabelles, il persistait imperturbablement dans son tyrannique despotisme, formulant de nouveaux décrets, fulminant
de nouvelles proscriptions, et poursuivant le cours
de ses inexorables et sanguinaires exécutions.

Il ordonne, sous peine de mort, que personne ne
dépose les armes; sous peine de mort, que quiconque
a ouï parler de brigands ou d'argent caché ait à le ré-
véler immédiatement. Il brûle, avec tous ceux qui l'ha-
bitaient, la maison d'une boulangère accusée d'avoir

vendu, le matin, un pain trop léger de quelques onces. Averti que quatre misérables, qualifiés à tort ou à raison de bandits, s'étaient réfugiés dans l'église du Carminiello des pères jésuites, il donne aussitôt le signal de leur massacre. Une bande expédiée par lui entoure l'édifice, démolit un pan de mur, entre altérée de sang, et déchire impitoyablement les réfugiés ; en vain les frères réclament le bénéfice du traité de la veille, en vain ils protestent contre le scandale de ce sang inutilement répandu : ils sont assaillis eux-mêmes sans aucun respect, et l'un d'entre eux périt victime de la plèbe furibonde.

Les sicaires, sur l'injonction de Masaniello auquel une influence diabolique semblait avoir fait perdre tout sang-froid, s'acheminèrent ensuite vers d'autres monastères et vers d'autres églises, dans l'intention de les profaner, en cherchant tantôt des amis de Maddaloni, tantôt des trésors enfouis. Au milieu de ces perquisitions qui ouvraient un large champ aux désordres de toutes espèces, on envahit, sur un ordre exprès du poissonnier, le couvent des nonnes de *Santa Croce* où l'on soupçonnait un dépôt d'objets précieux appartenant à César Lubrano. Cette horde

effrénée poussa si loin la licence, que les infortunées
religieuses pâlissaient d'effroi sous le voile au fond
de leurs cellules. Heureusement pour elles, le brüit
de cette expédition sacrilége arriva jusqu'au cardinal
Filomarino, qui chargea précipitamment un prêtre
vénérable d'aller exposer sans détour au chef populaire toute l'abomination de sa conduite. Celui-ci
rentra en lui-même, s'effraya de son ouvrage, et rap-
pelant à l'instant son monde, fit répondre au prélat
que cette invasion ayant eu lieu sans son assentiment,
il en châtierait les auteurs. En effet, trois de ses plus
ardents serviteurs eurent la tête tranchée, uniquement pour lui avoir obéi.

Masaniello avait signifié formellement et sous peine
de mort, que personne ne sortît de la ville sans un
permis de sa main. Monsèigneur Caffarelli, archevêque de San Severino, se présenta devant lui en habit
court, conformément aux décrets antérieurs; il désirait partir pour son diocèse et venait demander son
laissez-passer. Non-seulement le poissonnier le lui
octroya sur-le-champ; mais afin de l'honorer d'une
manière spéciale, il voulut lui assigner d'abord une
escorte de quatre cents hommes; puis, sur sa réponse

qu'il s'en allait par mer, une flottille de quarante fe-
louques. Le prélat le remercia courtoisement, alléguant
qu'il en avait déjà frété trois, et que ce nombre lui
suffirait largement. Alors Masaniello lui offrit pour
ses frais de voyage un sac de quatre cents doublons
d'or, et l'archevêque, malgré son désir de refuser un
présent si étrange, fut contraint d'en accepter au
moins une partie, de peur de blesser au vif la suscep-
tibilité du généreux dictateur, qui commençait à se
formaliser. Enfin il dut essuyer, en signe d'adieu,
l'étroite et grossière accolade de ce frénétique (1).

Ce matin même, un gentilhomme d'Aversa, de
l'illustre famille de Tuffo, vint au tribunal du chef
populaire pour certaines réclamations urgentes. Le
juge suprême, après l'avoir écouté attentivement et
lui avoir accordé gain de cause, lui lança par derrière
un coup de pied en manière de congé, en lui disant :
Allez avec Dieu! je vous fais prince d'Aversa (2).

Ce fut encore ce jour-là que Masaniello imagina
de frapper une lourde contribution sur les jésuites,
chartreux et bénédictins, pour subvenir aux dépen-

(1) Giraffi.
(2) *Ibidem.*

sés publiques. Il fit aussi comparaître individuelle-
ment en sa présence les négociants et les personnages
opulents de la ville qui, croyant la sédition terminée,
avaient imprudemment quitté les forteresses, et repris le cours de leurs affaires. A chacun de ceux qui
se présentaient il demandait brusquement s'il était
fidèle serviteur du roi, et, recevant naturellement une
réponse affirmative, il forçait l'interpellé à signer une
obligation de fournir dans le plus bref délai une
grosse somme dont sa fantaisie déterminait le chiffre, sans que supplications ni considérations d'aucune
sorte pussent ensuite le lui faire diminuer. A ceux qui
osaient résister, il parlait du bourreau, et montrait
du doigt le gibet, de telles insinuations obtenant
toujours les signatures. Ainsi, suivant l'usage invariable, celui-là exigeait et percevait les contributions
arbitraires dictées par son caprice, qui avait soulevé
le peuple pour le libérer des impôts et pour lui donner la liberté !

CHAPITRE XVIII.

La matinée de ce lugubre dimanche, aussi fertile que les jours précédents en iniquités sanglantes, replongea la ville dans une morne consternation. Bien que la généralité des Napolitains désapprouvât déjà de semblables mesures, atterrée par les bourreaux de Masaniello, ne croyant guère au retour permanent de l'autorité légitime, elle s'agitait de nouveau comme entraînée par une force irrésistible. Mais cette résurrection du mouvement, qu'enfantait la peur ou le désespoir, n'avait plus ni enthousiasme, ni confiance dans le chef ; on était las de cruautés et d'excès.

Masaniello redoublait d'activité ; il multipliait ses moyens d'intimidation ; mais travaillant sans aucun plan déterminé, il mettait en contradiction continuelle ses actions et ses discours. En même temps

qu'il publiait un décret menaçant de mort quiconque
déposerait les armes ou quitterait son poste, il envoyait
annoncer au duc d'Arcos qu'il abandonnait le commandement, et voulait se retirer au Pausilippe, ou
dans toute autre résidence qu'on jugerait à propos de
lui assigner ; mais qu'il serait indispensable qu'auparavant le vice-roi licenciât les corps de réserve et les
gardes de la cité. Celui-ci donne aussitôt les ordres
nécessaires. Un grand nombre de bataillons sont désarmés et congédiés, témoignant plus de satisfaction
que de regrets. Mais tandis qu'on poursuit l'exécution
de cette mesure, Masaniello furieux apparaît tout à
coup entouré de ses satellites, révoque sa propre décision, parle avec dédain de l'autorité et de la personne du vice-roi, et se proclame lui-même *seul maître et seigneur absolu* de Naples.

Il apportait cet esprit désordonné jusque dans sa
propre maison. Traitant avec non moins d'extrava-
gance ses amis les plus intimes et ses partisans les plus
dévoués, il les accablait d'injures et de menaces. Son
beau-frère Pizzicarolo, qui jusqu'alors avait joui de
toute sa confiance, obligé de chercher au palais un
asile contre ses violences, déclara publiquement que

Masaniello, devenu fou, avait voulu le tuer pour avoir
dit que si l'on ne mettait un terme aux assassinats et
aux incendies, tout cela pourrait mal finir. De leur
côté, Genovino et Arpaja se dérobaient par la fuite
aux plus indignes traitements; d'autres chefs de la
sédition durent suivre leur exemple et se réfugièrent
dans les forts.

Vers midi, Masaniello monte à cheval sans escorte;
il parcourt la ville au grand galop, renversant tout
ce qui se trouve sur son passage, et distribuant à
tort et à travers des coups de son épée nue. Il s'ar-
rêtait chaque fois qu'il rencontrait un poste populaire ou quelque gibet récemment établi, et là, qualifiant le premier venu de partisan de Maddaloni, il
lui faisait incontinent couper la tête. De nombreuses
victimes avaient déjà payé leur tribut à cette étrange
justice, lorsque le dictateur condamna trois paysans
dont les parents se jetèrent aux pieds de l'archevêque,
le suppliant de secourir des innocents. On doit reconnaître, à l'honneur du prélat, que les fatigues ni
les dangers ne le rebutèrent jamais durant ces tristes
journées, quand il s'agit de sauver la vie d'un homme.
Il courut donc au-devant de Masaniello, lui reprocha

nettement son inconcevable frénésie, et lui déclara
que c'était une conduite impie de souiller par des
exécutions la sainteté du dimanche. Le poissonnier,
moins docile que de coutume, voulait maintenir jusqu'au bout la sentence prononcée ; néanmoins la
fermeté sévère de l'archevêque obtint que le supplice
fût remis au lendemain. Il vint alors à l'esprit de
Masaniello, que puisqu'on ne pouvait rien faire de
bon le dimanche, le mieux serait d'aller se délasser
à la campagne. Poggio-Reale, charmant site aux environs de la ville, fut choisi comme point de réunion
pour un grand dîner. Mais le cardinal spécialement
convié, ayant refusé l'invitation, ainsi qu'on devait
s'y attendre, le poissonnier, dégoûté de son projet,
décida que le banquet aurait lieu à Santa-Lucia-a-
Mare, chez un certain Onofrio Caffiero, homme de la
plus basse classe et l'une de ses créatures les plus dévouées (1). Quelques auteurs prétendent qu'on y eut
la surprise d'un repas splendide préparé à l'avance
par le vice-roi, ce qui nous semble peu vraisembla-
ble, puisque l'idée d'une pareille fête ne vint que
fort tard à Masaniello, et que d'ailleurs il fût parti

(1) De Santis.

pour la campagne sans le refus inopiné de Filomarino. Le vice-roi pouvait-il trouver le temps nécessaire aux préparatifs, ou entretenir la moindre intelligence avec le maître de la maison? D'autres disent
que le banquet fut célébré dans le palais, assertion
également inadmissible tant par les motifs mêmes
que nous venons d'exposer, que par l'authenticité
de l'épisode suivant relaté par tous les historiens de
ces événements.

Masaniello se mit à table chez Caffiéro, entouré de
ses lieutenants et de ses amis. Tenant peu à briller
par la tempérance, il buvait et mangeait à l'excès;
puis, au milieu du repas, la pensée lui traversa le cerveau d'aller terminer la fête et vider quelques flacons
de vin de Caprée dans les délicieux bosquets et sur les
gazons émaillés du mont Pausilippe. L'archevêque
avait refusé d'assister à la partie manquée de Poggio-
Reale; le poissonnier voulut du moins, comme dédom-
magement, avoir le duc d'Arcos pour convive dans la
collation champêtre qu'il projetait, et n'écoutant que
son inspiration, il s'achemina vers le palais. Il arrive
haletant, le visage enflammé, la poitrine découverte,
sans chapeau et sans épée, soutenant d'une main ses

chausses à moitié déliées. Le capitaine des gardes, du plus loin qu'il l'aperçoit, se dispose à lui rendre les honneurs prescrits ; mais le visiteur crie aux soldats, à pleins poumons, de se tenir tranquilles ; il entre précipitamment, franchit l'escalier en deux bonds, dédaigne de se faire annoncer, et, sans plus d'étiquette, se présente devant le vice-roi. Si le duc s'étonna tout d'abord de la visite, il fut bien autrement surpris de la cordiale invitation. Suivant le système de condescendance que nous lui connaissons, nous devons croire qu'il eut un instant de perplexité cruelle, et que l'orgueil du sang contribua plus encore que le respect de son mandat à lui faire repousser la proposition. Toutefois il sut gazer son refus de tous les ménagements possibles, prétextant une forte migraine et offrant pour la promenade sa magnifique felouque dorée, que Masaniello se hâta d'accepter avec les transports d'un homme doublement exalté par l'ivresse et la démence (1).

Le chef populaire se dirige aussitôt vers le port. Sa contrariété de ne pas emmener le vice-roi était considérablement atténuée par la joie de se pava-

(1) Giraffi. — De Santis.

ner dans sa felouque, sur laquelle il monte suivi de son frère, de Marco Vitale et de son entourage ordinaire. On emportait des provisions de bouche abondantes, sans oublier une raisonnable quantité de bouteilles, dont un bien petit nombre seulement put achever la traversée. Derrière l'embarcation royale naviguaient plusieurs grandes barques remplies de musiciens et d'insurgés armés. On ramait lentement, côtoyant le rivage, et remplissant l'air de chants avinés. La plage était couverte d'une affluence considérable, d'où partaient quelques rares vivats, mais où régnait surtout une vive curiosité de voir comment finiraient de telles extravagances. Quant à Masaniello, il jetait l'or à pleines mains dans la mer et se divertissait fort à exercer l'habileté des plongeurs, applaudissant beaucoup ceux qui réussissaient dans leurs recherches, et chargeant de grossières imprécations les moins adroits ou les moins heureux. Enfin, s'étant pris de querelle au sujet de ces intéressantes luttes avec l'un de ses compagnons de voyage, il le frappa brutalement, ajoutant aux coups les propos les plus cyniques.

En passant devant le sanctuaire de la Vierge

de Piedigrotta, vénéré de temps immémorial par tous les Napolitains et particulièrement par les gens de mer, il se souvint que, suivant le témoignage d'un espion, cet ermitage devait renfermer des trésors arrachés à l'incendie de plusieurs palais. Il fit aborder sa felouque, et donna l'ordre à ceux qui le suivaient de pénétrer dans l'église, de la visiter soigneusement et d'enlever les richesses cachées afin de grossir le dépôt général du marché. L'injonction n'eut pas besoin d'être répétée. Une poignée de misérables se détacha du convoi qui continuait sa promenade, le saint lieu fut profané sans que personne osât s'y opposer, et pourtant ce sacrilége scandalisa la population entière, du sein de laquelle des murmures significatifs commencèrent à s'élever.

Tandis que Masaniello se reposait au Pausilippe, la vice-reine duchesse d'Arcos envoyait ses équipages chercher la femme du poissonnier, qu'elle attendait au palais ; et celle-ci, magnifiquement vêtue, accompagnée de sa belle-mère et de sa belle-sœur, tenant entre ses bras un petit neveu au maillot, se mettait fièrement en marche, non pas dans une voiture de la vice-reine, mais, suivant Giraffi, dans le carrosse de mariage du duc de Maddaloni, qui avait coûté huit mille écus ; elle menait avec elle une suite nombreuse de voisines et d'amies dont l'embarras et la gaucherie offraient de curieux contrastes avec leur pompeuse parure (1). La garde rendit à *la Masaniello* les honneurs dus au capitaine général ; les pages et les hallebardiers l'entourèrent à la grande porte. Elle monta l'escalier en chaise ; traversa les salons, toujours suivie de son bizarre cortége, et pénétra jusqu'aux appartements privés de la duchesse, qui la fit asseoir sur l'estrade à sa droite et qui lui donna, ainsi qu'à ses femmes, des joyaux de grande valeur.

La conversation fut ce qu'elle pouvait être entre une vice-reine humiliée et une fille du peuple boursouflée de vanité. *Que votre illustre Grâce soit la bien venue,* dit la première, et la seconde lui répondit : *Que votre Grâce excellentissime soit la bien trouvée* (2). *Elle est la vice-reine des dames, et moi je suis la vice-reine des plébéiennes* (3). L'inspecteur général du royaume, Don Juan Ponce de Léon, neveu du duc

(1) Raphaël de Turris.

(2) Empezó por decirle aquella : *Sea V. Ilma. muy bien venida ;* y por contestar esta : *y V. Excma. muy bien hallada.* (Texte espagnol.)

(3) De Santis.

d'Arcos, l'un des personnages les plus odieux aux
Napolitains, poussa la bassesse, nous rougissons de le
dire, jusqu'à prendre l'enfant des mains de la pois-
sonnière, l'embrassant avec la plus tendre sollicitude,
le cajolant et le montrant comme un prodige aux
assistants. Il comptait sur cette ignoble adulation
pour reconquérir sa popularité.

La duchesse d'Arcos qui avait de l'esprit, sut glisser
adroitement à la femme de Masaniello combien il serait dans son intérêt de conseiller à son mari d'accepter les hautes faveurs que le vice-roi était disposé à
lui accorder pourvu qu'il rétablît la tranquillité en ab-
diquant le commandement. Mais à cette insinuation
la vice-reine des plébéiennes repartit d'un air dégagé :
*Tout, excepté cela ; car si mon mari abandonne le pou-
voir, ni sa personne ni la mienne ne seront plus res-
pectées. Ce qui est convenable, c'est que le seigneur vice-
roi et Masaniello vivent en bon accord, l'un gouver-
nant le peuple et l'autre ses Espagnols* (1). Une réponse
aussi nette ferma la bouche à la duchesse, qui congé-
dia ces femmes en leur prodiguant mille caresses.
Elles se retirèrent cérémonieusement comme elles

(1) De Santis.

étaient entrées. En descendant l'escalier, la mère de
Masaniello dit à voix basse au chevalier de Fonseca
qui lui donnait le bras : *Avertissez le seigneur vice-
roi que mon fils n'obéit plus qu'à Dieu et à Son Excellence, et qu'il serait nécessaire de le refréner un peu
pour l'empêcher de faire tant de folies* (1).

Pendant que ces choses se passaient au palais, les
hommes les plus marquants de l'insurrection, marchands, artisans, propriétaires et autres, qui trouvaient
largement suffisantes les concessions obtenues, commençaient à s'entendre, et se lassaient de voir l'agitation tumultueuse de la ville indéfiniment prolongée
par le despotisme capricieux et sanguinaire d'un homme qu'ils n'avaient placé à leur tête, dans un instant
critique, que pour les délivrer des impôts et du mauvais gouvernement. Ils se rassemblèrent au cloître du
couvent de Saint-Augustin avec quelques chefs de
quartier et certains commissaires du vice-roi. On dis-
serta longuement sur l'état de la ville et du royaume,
sur le danger permanent qui menaçait toutes les vies et
toutes les fortunes, sur la nécessité urgente de raffer-
mir l'autorité royale limitée par les articles de la ca-

(1) Giraffi.

1.   14

pitulation. Si les opinions variaient dans le choix des moyens, elles ne tendaient pas moins au même but, et plusieurs voix parlèrent déjà de tuer *le tyran*, que, la veille, on appelait libérateur. Giulio Genovino, qui était présent, tout en reconnaissant l'atroce barbarie de Masaniello, et l'instabilité terrible de la situation, opina pour la prudence, démontrant les périls des mesures précipitées, et proposant, puisque le poissonnier agissait comme un homme en démence, de laisser grossir encore le mécontentement produit par ses folies, afin que le prestige tombant de lui-même, les résolutions qu'on prendrait ensuite amenassent de plus sûrs résultats. L'avis du rusé vieillard obtint l'approbation générale, et l'assemblée se dispersa, sauf à délibérer de nouveau quand le moment serait venu (1).

La nuit étendait déjà son voile sombre, lorsque gorgé de vin, brûlé par le soleil de juillet, le chef populaire se rapprochait de la plage à la Marinella. Les rames de la felouque s'agitant trop lentement à son gré, il se jette dans l'eau tout habillé, à une distance assez éloignée du port, franchit l'espace à la nage, et

(1) De Santis.

court précipitamment chez lui. Là, il mande le scribe chargé d'écrire les affiches et les décrets, et ordonne de publier que le lendemain chacun, cessant de lui obéir, aurait à reconnaître pour unique et légitime autorité celle du vice-roi duc d'Arcos (1).

Nous ne pouvons terminer ce chapitre sans mentionner une rumeur publique dont parlent presque tous les historiens contemporains, en y ajoutant eux-mêmes plus ou moins de foi ; ce fut celle qui attribua le désordre cérébral de Masaniello, à certains poisons mêlés, par suite des machinations du vice-roi, aux viandes qu'il avait mangées chez Caffiero. Le comte de Modène, auteur plus éclairé que Santis et Giraffi, sans combattre précisément cette idée, fait des réflexions qui la contredisent. Elles acquièrent un double poids sous la plume d'un ennemi aussi acerbe de la puissance espagnole qui, pour noircir la conduite du duc d'Arcos, recueille ordinairement les moindres bruits populaires et les plus vagues suppositions. L'illustre écrivain moderne Baldachini, dans son excellent résumé de ces événements, n'accorde aucun crédit à de telles imputations. Il explique l'empoisonnement

(1) Giraffi. — De Santis.

de Masaniello d'une manière toute philosophique. Il fut moral, et non point physique, dit-il; le poison ne fut pas dans les mets, il était dans les adulations du peuple, dans les caresses du vice-roi; c'était ce poison qu'on respire toujours au milieu des applaudissements de la foule et de l'atmosphère du pouvoir.

Pour nous, à qui le lecteur ne reprochera certes pas de nous montrer partial en faveur du duc d'Arcos, nous devons dire cependant, comme Raphaël de Turris, que ces soupçons dirigés contre lui nous paraissent manquer totalement de fondement. Ce genre de crime est heureusement moins commun qu'on n'a été disposé à le croire dans tous les temps; on sait qu'un personnage important ne saurait mourir sans que le vulgaire, heureux d'assigner une cause extraordinaire aux événements les plus simples, attribue aussitôt sa fin à quelque substance vénéneuse, administrée par un rival ou par un puissant ennemi. Mais dans l'appréciation du fait même qui nous occupe, sans parler de ce que les progrès de la chimie nous donnent à penser aujourd'hui relativement à ces philtres merveilleux, capables de troubler l'esprit, de dérouter

la mémoire, ou de forcer la volonté, nous considére-
rons seulement à quel instant se manifestèrent chez Masaniello les premiers symptômes de démence, et si les
causes naturelles ne suffisent point pour les expliquer.
Les auteurs, les mémoires, les lettres de l'époque
sont unanimes à déclarer que le samedi 13 juillet, à la
cérémonie du serment, ses prétentions extravagantes,
ses violentes contradictions, ses gesticulations incon-
venantes décelaient déjà le dérangement de son cerveau ; puis le dimanche matin, son beau-frère fugitif
n'avait-il point répandu le bruit de sa folie, que le poissonnier corroborait encore en poursuivant au hasard
ses amis ou ses ennemis à travers les rues? Tout cela se
passait avant le banquet Caffiero. Les excès auxquels
Masaniello s'abandonna le jour de cette orgie, les va-
peurs du vin, jointes à l'ardeur brûlante du soleil qu'il
affronta jusqu'au soir, développèrent en lui l'exaltation cérébrale dont le germe s'était révélé dès ses
premiers exploits. L'impétuosité des passions qui l'assaillirent subitement, l'insuffisance de ses ressources
intellectuelles, le changement soudain de fortune, la
préoccupation continuelle, les dangers, les craintes
permanentes, la fatigue matérielle, la privation de

nourriture et de sommeil durant huit journées con-
sécutives; enfin le tourbillon d'idées confuses au milieu duquel il se sentait perdu, l'absence d'un but déterminé pour guider ses esprits, expliquent largement
la perte de sa raison sans qu'il soit besoin d'impu-
ter un crime inutile au représentant des rois d'Espagne.

CHAPITRE XIX.

Le lendemain, lundi 15 juillet, au point du jour, Masaniello se présenta sur la place du Marché, à cheval et l'épée nue. Malgré l'abdication dictée la veille au soir, il continua de prononcer ses cruelles sentences, de donner des ordres contradictoires, de courir à droite et à gauche, frappant tous ceux qu'il rencontrait. Alors au milieu de cette populace, qui commençait à murmurer de se voir traiter ainsi par l'homme dont son aveugle soumission faisait toute la grandeur, il se trouva des mécontents assez hardis pour lui tenir tête ; des pierres furent lancées, et l'une d'elles le blessa même assez grièvement. Déjà s'évanouissait le prestige ; le pouvoir du poissonnier touchait à sa fin. Confondu de ce manque inouï de respect, il se rend à

l'église du Carmel, met pied à terre, entre suivi de
la foule, s'élance précipitamment dans la chaire, et
saisissant le crucifix s'écrie avec l'accent du plus amer
désespoir : *Peuple bien aimé, je ne puis voir sans une
douleur extrême, mes peines, et mes services si indi-
gnement méconnus, payés même de la plus noire in-
gratitude! Sachez que ma mort sera le signal de votre
ruine; mais je vous pardonne et je vous bénis.* Il présenta le crucifix; puis le remit à sa place, entr'ouvrit
son pourpoint, montra sa poitrine nue, et continua :
*Me voici desséché comme un squelette n'ayant plus que
la peau sur les os. Un feu intérieur me dévore. J'ai bu
deux tonnes d'eau, et je ne puis me désaltérer.* Et pour
qu'on jugeât mieux de sa maigreur, il dénoua ses
grègues, sans s'inquiéter de la sainteté du lieu, mettant ses membres à découvert, et criant : *Voyez ce
que je suis devenu pour vous!* Une partie des assistants
l'applaudissait et l'encourageait les larmes aux yeux;
d'autres l'interrompaient par leurs rires ou leurs sif-
flets. Mais lui, impassible, élevant toujours la voix et
se livrant aux contorsions les plus extravagantes, imposait silence et poursuivait ainsi : *Sachez que vous ne
serez jamais en sûreté tant que vous n'aurez pas fait*

un port de mer de la place du Marché ; tant que vous n'aurez pas construit un pont de Naples à l'Espagne, afin de vous entendre directement avec S. M. Quant à moi, soyez sûrs que l'on m'assassinera demain. Cette scène dont nous empruntons littéralement le récit à Santis, et que Giraffi raconte à peu près dans les mêmes termes, produisit un effet puissant, et fut suivie de la plus grande confusion. La fatale prédiction du fou exalta surtout l'esprit des masses. L'enthousiasme jetait sa dernière lueur.

Masaniello sort de l'église, à demi vêtu ; il remonte à cheval, et s'éloigne au galop du marché brandissant toujours son épée, courant d'un point à un autre, et s'efforçant de ranimer le feu languissant de l'insurrection. Il rassemble encore assez de partisans pour se faire obéir, et ordonne le supplice de plusieurs chefs populaires, fameux par leurs exploits antérieurs, mais coupables de l'avoir accueilli trop froidement. Ce jour-là, il blesse au visage un honorable officier qui venait lui demander l'élargissement de quelques soldats espagnols retenus en prison. Pour rendre justice à un contrebandier condamné à l'amende, cinq ou six mois auparavant, sur la dénonciation de son voi-

sin, il fait chercher le délateur, dont la tête est tranchée sans pitié.

Un autre homme du peuple se plaint de ce que sa
femme s'est enfuie la nuit précédente avec un amant;
le poissonnier prescrit de minutieuses perquisitions
pour découvrir les fugitifs ; on les arrête, et lorsqu'on
les lui amène, il envoie l'un à la roue, l'autre à la potence, sans même leur laisser le temps de se préparer
à mourir. Rencontrant dans la rue le duc de Castel-
Sangro, il entre dans une violente colère, parce que ce
seigneur n'est point descendu de voiture pour le saluer. Plus tard il se rend aux écuries royales et veut
s'emparer de tous les chevaux qu'elles contenaient.
Les palefreniers observent que ces chevaux appartenant au roi, ils ne peuvent les livrer sans un ordre
exprès de Don Carlo Caracciolo, grand-écuyer de
Sa Majesté. *Quel Don Carlo?... Quel écuyer?... Quel
roi?... Je suis tout ici, et je ne connais point de supérieur !* s'écrie Masaniello l'écume à la bouche ; et il
enlève six magnifiques chevaux. Toutefois il changea
bientôt d'avis ; soit fantaisie, soit repentir, les ani-
maux furent renvoyés aux écuries.

Il expédia dans cette même matinée une troupe

de ses affidés, chargés de piller les effets précieux cachés par Ponce de Léon au couvent des pères franciscains, digne récompense des baisers que l'inspecteur général du royaume prodiguait si glorieusement la veille au petit neveu du poissonnier.

. De retour à la Grande Place et fatigué de ses promenades, Masaniello se rappelle l'irrévérence du duc de Castel-Sangro. Il le fait sommer immédiatement d'avoir à comparaître en sa présence, *afin de lui demander pardon à genoux, sous peine de mort en cas d'hésitation.* Le duc chasse brusquement le messager; il part pour Castelnuovo plein d'une colère qui demande à déborder; il exprime au vice-roi en termes énergiques qu'une telle dégradation n'était pas tolérable, que le règne de ce souverain déguenillé était un opprobre pour le royaume de Naples, et que d'aussi effroyables désordres ne pouvaient durer plus longtemps. Il ajouta vivement que la noblesse napolitaine, abandonnée par le gouvernement légitime, était victime de ces inconcevables événements ; mais qu'elle saurait bien trouver encore en elle-même assez de force pour délivrer l'État de si indignes oppresseurs, ou tout au moins assez de résolution pour périr bravement les armes à la main en défendant ses droits et son honneur. Le vice-roi, effrayé de la juste indignation de ce personnage qui pouvait tout à coup entraîner un mouvement de la noblesse, si redouté par lui, n'osant pas cependant sortir de son irrésolution habituelle, s'efforçait de le calmer en parlant de considérations générales lorsque arrivèrent au château, fuyant les fureurs de Masaniello, le conseiller Giulïo Genovino, et Francesco Arpaja, l'élu du peuple.

Le premier ayant perdu tout crédit sur l'esprit du dictateur, s'était vu abreuvé d'humiliations et menacé de mort. Le second, s'étant avisé de dire qu'il serait temps de faire disparaître les échafauds, avait reçu publiquement un soufflet. Tous deux venaient corroborer les plaintes et les avertissements du duc de Castel-Sangro, répétant au vice-roi que le moment était enfin venu de ressaisir vigoureusement le pouvoir.

Le duc d'Arcos ne trouvait pas que la situation fût parvenue encore à son degré complet de maturité. Il décida qu'Arpaja et Genovino rentreraient dans la ville, et que Masaniello devant réitérer le soir même sa promenade par mer au Pausilippe, on profiterait de son absence pour réunir de nouveau les chefs populaires mécontents ou désillusionnés, et pour se concerter en secret avec eux sur les moyens d'amener une énergique et prompte solution.

En effet, vers le milieu du jour, Masaniello remontait dans la felouque du vice-roi, entouré des mêmes compagnons de voyage, et muni, comme la veille, de provisions abondantes. Mais tandis qu'entraînant avec lui ses plus chauds partisans, il épuisait d'innombrables bouteilles et s'abandonnait à toutes les divagations de son cerveau malade, Genovino et Arpaja s'empressaient de convoquer à Saint-Augustin les chefs de sections devenus hostiles au poissonnier, ainsi que les hommes les plus influents de la plèbe et de la classe moyenne, désireux de voir renaître la tranquillité. Il y eut naturellement dans cette conférence beaucoup de protestations et de paroles perdues; mais enfin, on demeura d'accord sur ce point que le vice-roi devait reprendre le commandement, en assurant seulement la religieuse observation des conventions jurées. Quant à Masaniello, en reconnaissance de ce qu'il avait été véritablement le libérateur du peuple,

on proposait de lui faire grâce de la vie; on se borne-
rait à l'enfermer dans quelque château pour le res-
tant de ses jours. Cette opinion, rédigée par écrit, fut
présentée au duc d'Arcos. Croirait-on qu'une semblable démarche ne put vaincre encore sá faiblesse
et son inexplicable indécision ! Il ne jugeait pas
l'autorité légitime suffisamment appuyée par l'indignation des troupes espagnoles et allemandes,
par l'exaspération de la noblesse altérée de vengeance, et par le désir universel de retrouver du
repos!

A là chute du jour, Masaniello revint de sa promenade sur mer, plus ivre et plus défait que la veille.
A peine débarqué à l'Arsenal, il se met en devoir de
faire des promotions d'officiers de marine, nommant
ou révoquant à son gré plusieurs capitaines des galères en station dans le port. Il s'élance une seconde
fois dans l'eau tout habillé, nage assez longtemps,
puis regagne le rivage, et court tout ruisselant, à la
place du Marché pour y menacer du gibet Genovino,
Arpaja, et certains chefs populaires coupables de ne
l'avoir pas accompagné et de ne lui avoir pas fait
leur cour ce soir-là. Sans doute il eut l'intuition de la

manière dont ils avaient employé leur temps ; car sa
fureur et sa démence l'emportèrent jusqu'à s'écrier
qu'il mettrait le feu à la ville pour la châtier de ce
qu'elle ne l'aimait plus et ne lui obéissait plus avec
l'enthousiasme des premiers jours (1). Bientôt il s'é-
lança l'épée à la main au milieu de la populace, frappant toujours à tort et à travers, et se livrant à de si
atroces frénésies, que plusieurs capitaines du peuple,
unis à quelques hommes énergiques et influents,
s'emparèrent de sa personne, et l'enfermant de force
dans sa propre maison placèrent une garde à la porte,
avec ordre de l'empêcher de sortir. Le misérable
Masaniello continua de s'abandonner à tous les transports de la folie. Enfin, vers minuit, il ouvrit sa fenêtre, alluma quatre flambeaux pour appeler la
foule, et lorsqu'il la vit compacte et attentive il s'é-
cria d'une voix sépulcrale : *O mon peuple, déjà je
n'existe plus; encore quelques heures, et je meurs assassiné!...* (2)

Cependant on se consultait toujours, à Castelnuovo,
sur les mesures à prendre pour rétablir le lendemain

(1) Giraffi.
(2) De Santis.

l'autorité légitime. Le vice-roi recevait en conférence secrète des hommes de mauvaise mine qui venaient recevoir ses ordres. Un grand d'Espagne traitait avec de vils assassins !...

On renforça les postes militaires ; des fusées étincelantes transmirent de nombreux signaux ; des instructions furent données à l'escadre ; une partie du peuple lui-même prenait les armes comme auxiliaire, impatiente d'en finir avec l'insurrection.

CHAPITRE XX.

Le matin du 16 juillet, fête de la Vierge du Carmel et jour solennel à Naples, la ville se montra tourmentée de cette inquiétude fiévreuse qui précède toujours les grands événements.

Le palais est entouré de soldats espagnols et allemands sous les armes; l'importante position de Pizzo-Falcone a reçu de nouveaux renforts d'hommes et d'artillerie; les sentinelles sont doublées; les canonniers se tiennent debout près de leurs pièces. — Les postes occupés par le peuple offrent un aspect non moins significatif. Ici des guérites et des palissades incendiées fument encore sur des remparts en ruines qu'on a détruits avant de les abandonner; là des masses tumultueuses s'agitent sans ordre et sans accord, brandissent partout leurs armes dans une attitude menaçante. — De leur côté, les galères ont changé de mouillage, elles se sont rapprochées du port, tournant la proue au rivage, et laissant voir que tout est préparé pour le combat. Les bourgeois sillonnent la ville par bandes silencieuses. Personne n'ose prononcer le nom de Masaniello, personne n'ose prononcer celui du vice-roi; la foule afflue taciturne à la place du Marché, où l'archevêque, en officiant, semble accomplir une funèbre cérémonie. Dans les rues, sur la place, à l'église on se regarde avec défiance, comme pour sonder mutuellement sa pensée. On soupçonne chaque passant de cacher des armes sous ses habits. Le respect religieux produit l'apparence du calme, mais on chercherait en vain du recueillement.

Marco Vitale, le secrétaire de Masaniello, vient de périr à la porte du château, au moment où d'un ton menaçant il demandait des explications sur les mouvements militaires. Il est tombé sous les coups d'un ennemi personnel, encouragé par le duc d'Arcos lui-même, nous le disons à regret. Mais on a fait disparaître le cadavre, et la populace ignore encore cette fin tragique.

Aux premiers rayons du soleil, Masaniello, trom-
pant la surveillance de ses gardiens, s'était enfui de
sa demeure, et s'était réfugié dans la sacristie du Carmel. Là, il avait attendu l'arrivée du cardinal-archevêque; il s'était jeté à ses pieds et, s'écriant d'une
voix désespérée que le peuple l'abandonnait, il avait
remis au prélat une lettre cachetée pour le vice-roi,
avec prière de la faire parvenir sans retard, ce à quoi
Filomarino avait accédé très-volontiers, en chargeant
un de ses pages de la mission. Mais le dictateur ne
devait point se borner à cette paisible démarche.
Il exhala longuement les plaintes les plus amères,
proposa tout à coup une grande cavalcade en l'honneur de la Vierge à la sortie de la messe; et, profitant
du moment où l'archevêque s'occupait de revêtir les
ornements pontificaux, il entra dans l'église déjà
remplie par les fidèles, et monta rapidement en
chaire afin de s'y livrer, le crucifix à la main, à toute
la fougue de son éloquence naturelle, exaltée encore
par sa profonde conviction.

Il parla donc chaleureusement des fatigues et
des dangers si récemment traversés; du dévouement avec lequel il s'était lancé dans une entre-

prise aussi saintement patriotique ; et de l'heureux
succès dont le ciel avait couronné ses efforts ; il
conjura le peuple avec une énergie pénétrante de
ne point l'abandonner à la fureur des innombrables
ennemis qu'il s'était faits en défendant la cause
populaire; il rappela l'avarice des traitants, l'orgueil de la noblesse, la tyrannie des autorités espagnoles, et la situation misérable du royaume, épuisé
par les uns, humilié par les autres, et tiraillé par
tous. Puis changeant subitement l'ordre de ses idées,
ou pour mieux dire passant d'un intervalle lucide à
un accès de démence, il s'avoua grand pécheur, et
exhorta les assistants à faire ainsi que lui, en présence de la Vierge et de l'archevêque, une confession
publique à l'effet d'obtenir la miséricorde du Très-
Haut.

Bientôt la folie s'emparant graduellement de son
esprit, il débita les extravagances les plus inouïes,
et se livra à la pantomime la plus ridicule et même la
plus indécente, détruisant en un instant la puissante
impression de ses premières paroles. Enfin, d'après
les ordres de l'archevêque qui vit la pitié et le dégoût succéder à l'admiration sur tous les visages, on

l'arracha de la chaire, pour le transporter hors du temple dans la cellule d'un religieux, où, brisé de fatigue, inondé de sueur et presque évanoui, il se jeta sur le lit du frère et s'endormit profondément.

L'office divin n'en fut pas moins célébré en grande pompe ; mais à peine le cardinal s'était-il retiré après la bénédiction finale, que l'on vit entrer dans l'église, encore pleine d'une nombreuse affluence, Salvator et Carlo Cataneo, Angelo Ardizzone, et Andrea Rama, tous plébéiens, tous armés d'épées et d'arquebuses : c'étaient ceux qui la veille avaient eu cette mystérieuse entrevue avec le vice-roi. Ils criaient résolûment : *Vive le roi d'Espagne, vive le duc d'Arcos ! meure quiconque obéirait à Masaniello !* L'auditoire est frappé de stupeur, les religieux effrayés se retirent au pied des autels, et les quatre bandits, suivis de quelques hommes qui se joignent à eux volontairement, pénètrent dans la sacristie du couvent, cherchant avec ardeur leur victime et répétant leurs cris furieux d'une voix tonnante sans que, du reste, aucun écho retentît pour les contredire ou les appuyer.

Masaniello venait de secouer le sommeil: l'accès de

démence était sans doute passé. Immobile devant la fenêtre de la cellule, il contemplait cette mer dont le bruissement l'avait jadis endormi dans son pauvre berceau, la mer qui l'avait toujours nourri, la mer, théâtre de tous ses jeux d'enfant et de toutes ses aventures de jeunesse (1). Peut-être, oubliant puissance et fortune, laissait-il errer son imagination vers des régions plus humbles, lorsque la vue des galères et leur appareil guerrier le rappelèrent tout à coup à ses idées de commandement.

Il entendit un bruit d'armes dans le cloître, et son nom distinctement prononcé ; il crut que c'était le peuple, son peuple bien-aimé, qui lui préparait un nouveau triomphe ; qui lui apportait de nouveaux témoignages d'enthousiasme. Il sortit précipitamment de la cellule : « *Vous me cherchez ?....* s'écria-t-il, *noble peuple, me voici !* » Pour toute réponse il reçut quatre balles d'arquebuse qui l'étendirent roide mort. — *Ingrats! traîtres!* furent ses dernières paroles. Un boucher de la troupe coupa sa tête, qui semblait conserver encore un reste de vie, et Carlo Cataneo la saisissant par les cheveux,

(1) Baldachini.

l'emporta sanglante à travers une foule morne et atterrée. Il rencontra par hasard une voiture, y monta et courut porter au château son affreux trophée que le vice-roi reçut avec les démonstrations d'une joie féroce, également indigne d'un chrétien, d'un gentil-homme et d'un délégué de la majesté royale. (1).

Pas un cri, pas une épée ne s'élevèrent en faveur de l'homme du peuple qui, vingt-quatre heures auparavant, était maître absolu de la ville et du royaume; de celui qu'on avait adoré dix jours comme une idole avec un enthousiasme frénétique, de celui enfin à qui Naples devait l'abolition des impôts arbitraires, l'affaiblissement de l'influence espagnole, et surtout le sentiment de ses propres forces, l'intuition de ce dont elle serait capable lorsqu'elle songerait à conquérir une véritable nationalité.

Leçon terrible pour ceux qui se fient à la reconnaissance et aux applaudissements populaires; pour ceux qui rêvent un pouvoir solide basé sur cet enthousiasme éphémère des masses, d'autant moins durable qu'il se montre plus exalté !

La multitude qui couvrait la place du Marché et

(1) Giraffi. — De Santis. — Comte de Modène.

les rues avoisinantes, terrifiée mais non pas indignée, vit passer d'un œil sec la tête de son chef, portée au bout d'une pique. Bientôt l'indécision fit place à des manifestations bruyantes, et l'air retentit des cris mille fois répétés : *Vive le roi d'Espagne! vive le duc d'Arcos!* Les clameurs, l'agitation, le dégoût inspiré par les dernières cruautés du poissonnier, les transports de ceux qui se crurent délivrés de toutes persécutions, et la joie franche des amis de la paix allumèrent peu à peu un nouvel enthousiasme; maladie contagieuse qui gagne promptement le flot populaire toujours avide d'émotions neuves. Dès lors la réaction devint universelle.

Le cadavre de l'infortuné Masaniello ne fut pas même respecté. Traité par la plèbe comme l'avaient été ceux de ses victimes, promené dans le ruisseaux, mutilé, informe, il disparut enfin dans les fossés de Porta-Nolano ; tandis que sa tête, saluée à travers les faubourgs de malédictions et de grossiers sarcasmes, était jetée dédaigneusement sur les balayures du grenier public.

L'inconstante et capricieuse fortune n'épargna point non plus la femme du chef suprême, naguère

si vaine et si comblée d'honneurs. La malheureuse,
voyant des hommes en guenilles assaillir sa maison
jusqu'alors vénérée comme un temple, voulut se réfugier au palais avec sa belle-mère et sa belle-sœur.
Mais abreuvée dans le trajet de railleries et d'odieux
outrages, elle fut loin de trouver à son arrivée l'accueil bienveillant qu'elle pouvait espérer en se rap-
pelant les caresses si récemment prodiguées. La vice-
reine, oubliant la dignité de son rang et cette com-
misération innée dans le cœur des femmes, se vengea
cruellement des humiliations passées, par la plus
amère ironie, traitant ces infortunées de seigneuries
illustrissimes, et nommant sans cesse *vice-reine des
plébéiennes* la veuve tremblante et désolée du poissonnier.

Le cardinal Filomarino vint seul au secours des
fugitives ; il les protégea contre tous, et leur assura
un asile à Castelnuovo (1).

L'allégresse était générale. Le peuple ne se souve-
nait plus de son libérateur que pour le maudire. La
noblesse semait l'or à pleines mains et reprenait sa
suprématie. Ceux qui avaient souffert des proscrip-

(1) De Santis. — Agnello della porta, M. S.

tions et des incendies ne cachaient ni leur satisfaction immodérée, ni leur soif de vengeance. Il n'y avait pas un habitant de Naples qui ne désirât l'immédiat et complet rétablissement du pouvoir légitime. Quoique le duc d'Arcos luttât toujours intérieurement avec son irrésolution habituelle, il ne put résister davantage aux conseils, devenus impérieux, de ceux qui l'entouraient et qui ne le voyaient pas sans effroi perdre des instants si précieux ; il prit donc son parti de se montrer en public et de redevenir véritablement le vice-roi.

Accompagné du cardinal-archevêque, des conseillers, des principaux magistrats et des grands seigneurs du-royaume, il se rendit à cheval à la cathédrale pour offrir au ciel les actions de grâces, et l'on exposa publiquement les reliques de saint Janvier. Le duc parcourut aussitôt la ville entière, confirmant les priviléges octroyés et promettant, au nom du roi, des concessions plus larges encore. Lorsqu'il revint au palais, la multitude le porta presque en triomphe. Elle le saluait de ses acclamations enthousiastes avec cette même chaleur, avec ce même entraînement qu'elle mettait l'avant-veille à le charger d'imprécations.....

— Tels sont les peuples, tels ils seront tant que durera le monde !

Il ne manqua point de gens pour conseiller au vice-roi d'inaugurer la réhabilitation de l'autorité suprême par d'exemplaires et rigoureux châtiments. Mais il eut l'heureuse inspiration de ne pas prêter l'oreille à ces provocations perfides, et de publier, au contraire, de son propre mouvement, un édit faisant défense d'accuser ni de poursuivre personne, relativement aux événements accomplis. Le frère et le beau-frère de Masaniello, tous deux en fuite, étaient seuls exceptés de cette amnistie (1).

Une semblable résolution mécontenta vivement les gens qui comptaient sur une réaction violente pour assouvir leurs vengeances; mais elle fut accueillie par la majorité des populations avec tous les témoignages d'une satisfaction manifeste. Plût à Dieu que le vice-roi eût persévéré à suivre la voie que son bon sens lui avait tracée ; malheureusement il ne tarda guère à s'en écarter, ainsi que nous aurons à le constater.

Les parents de Don Giuseppe Caraffa s'empressè-

(1) Voir l'Appendice.

rent de recueillir les restes méconnaissables de cet
infortuné gentilhomme, afin de lui rendre les
honneurs de la sépulture. Tous les affreux trophées de
la furie populaire disparurent aussi de la place du
Marché qu'ils remplissaient de miasmes insuppor-
tables; tandis que le cadavre du secrétaire Marco
Vitale, provisoirement déposé à Saint Louis, en était
violemment arraché par la plèbe ; elle le mutilait et
le traînait dans les rues, en haine de ce qu'il avait
été l'ami de son ancien chef.

Le vice-roi passa la nuit à dicter les dispositions
urgentes pour assurer la tranquillité publique, et rétablir l'ordre dans la cité. Les boulangers lui ayant
représenté qu'il leur était impossible de maintenir le
pain à vil prix comme on l'avait exigé, durant l'a-
narchie, il décréta que le jour suivant on repren-
drait les anciens tarifs. Cette mesure, très-équitable
assurément, mais un peu trop précipitée, et aussi la
nouvelle promptement répandue qu'une patrouille
avait massacré aux portes de la ville un des beaux-
frères de Masaniello, éveillèrent dès la matinée du
17 juillet, une grande agitation dans la populace.
L'occasion fut adroitement exploitée par ceux qui

désiraient rallumer le brasier mal éteint ; ils surent
mettre en jeu la rancune des uns et les intérêts des
autres ; ils réussirent assez vite et sans trop de peine à
ressusciter l'insurrection. Elle n'avait plus de chef, il
est vrai, mais elle n'en grondait pas moins, redoutable et menaçante.

La tourbe des faubourgs fut la première à couvrir la place du Marché ; puis on vit affluer aussi la
population plus honnète, attirée peut-être par une
simple curiosité. On répétait dans les carrefours
que Naples expiait déjà le crime d'avoir abandonné à
ses ennemis le héros libérateur ; que si le vice-roi
renchérissait le pain et les vivres, il ne tarderait
pas à rétablir les impôts ; et l'on commençait à exprimer hautement le regret d'avoir perdu le valeureux
protecteur, le seul qui eût songé au bien-être du peuple ; *le seul qui sût intimider les tyrans.* Les esprits
s'échauffèrent rapidement, les groupes criaient: *Gloire
à Masaniello!* et ce souvenir évoqué semblait ranimer
l'enthousiasme primitif. Le duc, fort déconcerté, dépêcha de nombreux émissaires pour chercher à calmer l'effervescence, en rejetant sur les boulangers la
cause de la cherté du pain ; mais cet expédient n'eut

d'autre résultat que de faire égorger quelques-uns de
ces infortunés, uniquement parce qu'ils obéissaient
à des ordonnances inopportunes.

Une fois les masses en mouvement, les fonctionnaires publics durent se mettre en sûreté; les gens
pacifiques se cachèrent; les boutiques furent fermées;
les troupes prirent les armes dans leurs quartiers, et
la ville présenta de nouveau l'aspect effrayant des
premiers jours.

Le nom du *glorieux Masaniello* était maintenant
sur les lèvres de tous ces hommes qui, sans s'émouvoir, avaient regardé passer sa tête sanglante entre
les mains de ses bourreaux, et qui avaient couru in-
sulter sa veuve après avoir outrageusement mutilé son
cadavre. D'un accord spontané, on décida que tous
les meurtriers du chef plébéien seraient recherchés et
mis à mort; puis, qu'on irait processionnellement recueillir les restes de l'illustre victime afin de lui faire
des funérailles magnifiques, une sorte d'apothéose ré-
paratrice.

Une bande nombreuse, respirant la fureur et la
vengeance, s'élance aussitôt à la poursuite des assassins, qui, fort heureusement pour eux, s'étaient

habilement cachés. Une autre colonne se dirige en
même temps vers le grenier public, où gisait la
tête défigurée de l'idole. On la rapproche du corps ;
on les recoud ensemble le mieux possible ; on les lave
dans les eaux du Sebeto ; et ces dépouilles, parfumées,
couvertes de riches vêtements, sont portées en triomphe à travers la ville avec toutes les démonstrations
d'une profonde douleur.

Un instant le bruit se répand que Masaniello
revient à la vie. Malgré l'invraisemblance du fait,
le vice-roi ne peut se défendre d'une certaine inquiétude ; la populace s'enivre d'espérance.

Chacun voulait le voir et le toucher ; chacun
voulait posséder un objet lui ayant appartenu ; on se
disputait de minces fragments de ses habits comme
de précieuses reliques. Ceux qui parvenaient à
considérer de près le cadavre, avaient les yeux
pleins de larmes en annonçant douloureusement
aux plus éloignés que Masaniello était bien
mort (1).

La foule devint si compacte que le cortége funèbre dut renoncer à se frayer plus avant un passage ;

(1) De Santis.

il s'arrêta donc à l'église du Carmel où le corps fut déposé sur un magnifique catafalque, entouré de toutes les bannières des faubourgs, de tous les étendards des confréries et d'une garde populaire de quatre à cinq mille hommes. Aux premières ombres de la nuit, placé dans un cercueil avec les insignes de capitaine général, on procéda somptueusement à ses obsèques, auxquelles assistèrent les communautés religieuses, des magistrats et de nombreux fonctionnaires civils. Cette étrange procession, psalmodiant des chants funéraires et promenant partout ses éléments disparates, voyait comme par enchantement les rues et les places s'illuminer spontanément à son approche.

Elle fit une station devant le palais, dont les alentours étaient encombrés de rassemblements taciturnes, et, par ordre du vice-roi, huit pages en costume de cérémonie, tenant à la main de gros cierges de cire, vinrent se joindre au cortége, ainsi qu'une partie de la garde allemande. Cette manifestation dura jusqu'au point du jour ; alors seulement on revint au Carmel, et l'office des morts fut célébré en grande pompe avec accompagnement de décharges d'artillerie, et d'une sonnerie générale de toutes les cloches de Naples. Les femmes faisaient retentir le saint lieu de leurs gémissements ; elles se pressaient autour du cercueil, pour y faire toucher leurs rosaires, et l'on entendait de temps en temps soupirer cette fervente prière : *beato Masaniello, ora pro nobis*.

Pendant ce temps, sur la place du Marché où s'agglomérait une multitude immense, on vendait à des prix incroyables de petits bustes en cire, et des portraits au crayon. Les aveugles chantaient des oraisons ou des complaintes édifiantes en l'honneur du nouveau béatifié (1), qui fut enterré dans le temple. Mais le manuscrit de Capecelatro assure qu'on l'en exhuma peu de jours après, et qu'on le trans-porta sans aucun cérémonial hors de la terre sainte, comme étant mort sous le coup d'une excommuni-cation. Le dernier asile de cet homme extraordinaire nous demeure donc complétement inconnu.

Neuf jours seulement avait duré le prodigieux et terrible pouvoir de Masaniello ; mais neuf jours si remplis de graves enseignements, d'épouvantables

____
(1) De Santis. — Comte de Modène.

catastrophes, de crimes monstrueux, de réactions violentes et d'amères désillusions, que cette courte période offre à elle seule une peinture achevée des hommes et des peuples, triste et frappante tout à la fois.

LIVRE SECOND.

TORALDO. — ANNESE. — LE DUC DE GUISE.

LIVRE SECOND.

TORALDO. ANNESE. LE DUC DE GUISE.

CHAPITRE PREMIER.

L'homme qui savait exercer sur les masses un pouvoir magique, était mort ; les gabelles étaient abolies ; les priviléges concédés rendaient impossible pour l'avenir toute exaction arbitraire ; la révolte avait donc obtenu la réalisation de ses vœux ; le peuple était las de mouvement, et la ville, glacée d'horreur par les scènes sanglantes dont elle avait été le théâtre, n'aspirait qu'à ressaisir son calme tant re-

gretté. L'autorité du vice-roi était rétablie de fait ;
il avait des troupes bien disciplinées à ses ordres, la
noblesse entière à sa dévotion, et même tout disposés à la servir, les plus influents des chefs populaires
entraînant après eux une grande partie de la plèbe.
Il semblait, enfin, que la tranquillité dût renaître
dans ce malheureux royaume ; mais la mauvaise
étoile du duc d'Arcos amoncelait de nouvelles tempêtes, et préparait pour la domination espagnole des
dangers bien autrement sérieux.

Si les obsèques du dictateur avaient révélé que
l'insurrection n'était point morte avec son chef, les
jours suivants démontrèrent clairement que le per-
plexe vice-roi était aussi incapable de la dompter que
de l'anéantir. Ici des rassemblements tumultueux
saccageaient impunément la boutique d'un boulanger, sous prétexte que son pain n'avait point le poids
voulu ; plus loin on incendiait tranquillement les
maisons qu'avaient habitées les meurtriers de Masaniello, actuellement réfugiés à Castelnuovo. Des luttes furieuses s'engageaient sur la place du Marché,
sans que personne s'inquiétât de les arrêter, entre
des groupes s'accusant mutuellement d'être sou-

doyés par Maddaloni. Une foule déguenillée, station-
nant à poste fixe devant le palais, faisait entendre
d'inadmissibles et continuelles réclamations, toujours
accueillies avec la plus indigne faiblesse. Les soldats
espagnols et allemands assez imprudents pour s'a-
venturer seuls et désarmés dans les rues, se voyaient
souvent assaillis à coups de pierres et forcés de regagner précipitamment leurs quartiers. Cependant on
attendait vainement quelque mesure vigoureuse pour
rassurer et contenir ; aucune disposition n'était prise
contre un pareil désordre ; les crimes mêmes demeuraient impunis ; en un mot, il n'y avait point de
gouvernement.

La situation des provinces n'était guère moins
triste que celle de la capitale ; partout l'insurrection
avait étendu quelques racines, partout le pouvoir légitime avait perdu son prestige. Dans les grandes
villes, l'élément populaire débordant comme à Naples, on avait égorgé les autorités, aboli les gabelles,
armé les faubourgs, et commis toutes les atrocités
imaginables. Dans les campagnes, la plupart des barons s'étaient fortifiés dans leurs palais ou leurs châteaux ; et contraints de se défendre contre leurs vas-

saux révoltés, ils avaient à leur solde des bandes de brigands à l'aide desquelles ils exerçaient une rude tyrannie. En certains lieux les paysans avaient pris les devants, incendiant les demeures seigneuriales et déclarant ne plus relever que du roi. Là seulement où les garnisons étaient assez nombreuses pour tenir la population en respect, l'insurrection mal comprimée se cachait sous le masque d'une apparente tranquillité.

De leur côté les hauts seigneurs feudataires faisaient de puissants efforts pour contenir le désordre, et montrer leur fidélité au souverain. Comprenant bien que les tendances de la populace ne sauraient jamais se concilier avec leurs propres intérêts, ils étaient prêts à seconder énergiquement l'autorité légitime; mais l'autorité légitime, soit défiance, soit désir d'éviter la guerre ouverte, leur ordonna de licencier les forces considérables qu'ils avaient levées et qu'ils entretenaient à leurs frais. Elle perdit ainsi son plus actif instrument de répression, et priva l'Espagne de la plus solide garantie contre les influences étrangères qui allaient chercher à lui enlever la suzeraineté de ce magnifique pays.

Les environs de la capitale avaient suivi à la lettre les ordonnances de Masaniello, dont les lieutenants faisaient de fréquentes incursions, à la tête de nombreuses bandes napolitaines. Les localités plus éloignées ne reconnurent point d'une manière aussi absolue les pouvoirs du poissonnier, mais elles n'en suivirent pas moins dans toutes ses phases les progrès du soulèvement. A Otrante le conflit fut épouvantable ; à Lecce une rivalité entre deux fonctionnaires publics, Anolini et Boccapianola, eut pour résultat des scènes de carnage et d'incendie. La ville d'Aquila fut inondée de sang ; celle de Nardo, fief du comté de Conversano, voulut se soustraire à la domination de son seigneur, qui exerça de terribles vengeances lorsqu'il fut rentré dans ses droits. A Chietti, cité des Abruzzes que Don Ferrante Caracciolo avait récemment achetée à la couronne, les nobles prirent aussi les armes, pour secouer le joug du nouveau suzerain, et se déclarer comme par le passé vassaux directs du roi.

Foggia, Falerne, Tarente étaient en proie à toutes les horreurs de l'anarchie ; aucune province enfin n'avait été préservée des sanglants excès du fléau ré-

volutionnaire. Les monastères sacrés de la Cava et de
Montecasino s'étaient vus eux-mêmes assaillis par les
révoltés; ces riches archives de la science humaine,
après avoir traversé les siècles de barbarie, faillirent
cette fois devenir la proie des flammes. La déclaration
que l'abbé de la Cava sut arracher au chef de l'expédition dirigée contre son couvent est une des pièces
les plus curieuses que nous ayons eues sous les yeux (1).

Tel fut l'entraînement de ce vertige de désordre
qui semblait répandre dans l'atmosphère comme une
contagion pestilentielle, enflammant toutes les têtes
et troublant tous les esprits, que dans le hameau de
Schiavóni composé seulement d'une trentaine de
chaumières, les habitants se réunirent un dimanche
afin d'avoir aussi leur émeute. Comme par malheur
ils étaient tous parents ou amis, qu'il n'y avait ni autorité à renverser, ni impôts à refuser, ni richesses à
piller, ils demeuraient fort embarrassés et fort chagrins,
lorsque l'un d'eux, paraissant saisi d'une irrésistible
inspiration, s'écria tout à coup : « *Venez et brûlez ma*
maison; peu m'importe, pourvu que nous fassions quel-
que chose, et qu'on ne puisse dire que nous sommes

____

(1) Voir l'Appendice.

des lâches ou de mauvais patriotes ;» et les pénates de ce héros, qui s'immolait pour la réputation de son village, furent immédiatement réduits en cendres, tandis que les malheureux paysans s'efforçaient d'imiter par leurs vociférations ce qu'ils avaient entendu raconter des fureurs napolitaines. A Tutturano, près de Brindes, afin de faire aussi quelque chose, on mit le feu au cabaret (1); et dans un autre village, en Calabre, les femmes, révoltées contre les maris, en firent périr deux avec leurs enfants au milieu des flammes, en incendiant une grange où ils s'étaient retirés (2).

Nous regrettons que les matériaux nous manquent pour présenter plus en détail le tableau de ces violentes commotions : les épisodes donneraient une idée exacte du caractère de l'époque et du chaos dans lequel le royaume de Naples était tombé. Mais il n'existe aucun document contemporain parmi les archives publiques; et les historiens du temps, donnant toute leur attention à la capitale, parlent à peine des provinces, ou bien font simplement allusion à des évé-

---

(1) De Santis.
(2) Relation manuscrite, tirée de la bibliothèque du prince de San-Giorgio.

nements particuliers dont le souvenir est perdu.
Toutefois l'esquisse que nous avons pu tracer d'après
les traditions les plus authentiques, aura démontré
d'une manière suffisante que si l'État était profondément ébranlé, cependant, heureusement pour l'Espagne, il n'existait jusqu'alors ni révélation du sentiment national, ni direction déterminée, ni chef unanimement reconnu qui réunît en faisceau les armes de
l'insurrection. En un mot, les populations déchaî-
nées s'abandonnaient à la plus effroyable anarchie ;
mais la *rébellion* n'avait pas encore levé la tête. Elle
ne tarda pas à se montrer, amenée par la force des
circonstances, ainsi que nous le verrons bientôt.

CHAPITRE II.

A Naples de nouveaux mouvements prouvaient à chaque instant combien l'esprit de révolte était loin d'être étouffé. Le 19 juillet, la populace reprenait les armes sur la fausse rumeur que les Espagnols avaient assassiné l'élu du peuple. La journée du 20 était signalée par une émeute des plus graves, les *gabellieri* ayant voulu percevoir les droits comme par le passé, sans respect pour les clauses de la capitulation. La fureur populaire faillit se diriger encore contre la personne du vice-roi ; mais Giulio Genovino, jaloux de montrer son zèle au gouvernement légitime, afin d'obtenir le plus tôt possible la présidence du tribunal qu'on lui avait promis, parvint avec son adresse ordinaire à calmer l'exaspération des mutins en leur persuadant de porter leurs plaintes à l'archevêque, lequel s'entendrait beaucoup mieux avec le duc; il n'hésita point d'ailleurs à affirmer que les employés subalternes étaient seuls coupables de cette exaction, dont l'autorité suprême n'avait pas même eu connaissance; effectivement, de respectueuses représentations furent rédigées par écrit et présentées au cardinal (1).

Un gentilhomme espagnol appelé Don Miguel Sanfelices courut de grands dangers en cette occurrence ; car ayant rencontré l'une de ces bandes furibondes, et lui ayant lancé cette téméraire apostrophe : « *Criez, criez! vous avalerez bientôt des pierres,* » il ne dut son salut qu'à la légèreté d'un excellent cheval, qui l'emporta rapidément. Mais cet incident redoubla tellement l'effervescence, que le vice-roi, pour la calmer, fut contraint de mettre à prix la tête du fugitif comme s'il s'agissait d'un traître ou d'un bandit (2).

Vers le milieu de la journée, alors que tout paraissait rentré dans l'ordre, la ville fut de nouveau troublée par une descente des habitants de Melito, village situé aux portes de Naples; ils vociféraient de toute

(1) Voir l'Appendice, n₀ 12.
(2) De Santis. — Capecelatro, M. S.

la force de leurs poumons, accourant dans l'intention arrêtée de massacrer le conseiller Antonio Moscattola, leur seigneur. Celui-ci dînait fort tranquillement en famille lorsqu'il vit tout à coup sa maison envahie par les paysans, escortés d'un nombre considérable de curieux qui augmentaient la confusion. Il n'a que le temps de s'enfuir et de se cacher avec sa femme, abandonnant de grandes richesses et une précieuse bibliothèque au vandalisme cupide de ses vassaux révoltés, qui brûlent, détruisent, pillent toutes choses, sans rencontrer la moindre opposition et s'en retournent triomphants dans leur village, regrettant seulement de n'y point rapporter la tête du seigneur.

Il y eut aussi deux émeutes notables où le comique remplaça l'odieux. Les femmes de la populace la plus infime prirent les armes à leur tour et se dirigèrent bruyamment vers le Mont-de-piété, afin de réclamer l'abolition de certains articles du règlement, qui, favorisant l'engagement des objets précieux déposés par les gens riches, préjudiciait aux apports de minime valeur ; elles demandaient qu'au contraire ces derniers obtinssent la préférence. Le directeur de l'établissement, homme habile et plein

de sang-froid, leur ouvrit les portes, leur fit les
offres les plus conciliantes accompagnées de mille
bonnes raisons, et les renvoya très-satisfaites, célé-
brant leur triomphe par des libations copieuses et
les chants les plus discordants. — Les mendiants
de la ville furent les héros de la seconde émeute
qui fut dirigée contre les moines de la Chartreuse.
Ces religieux distribuaient à la porte de leur monastère, un certain jour de la semaine, des aumônes
provenant d'une œuvre pie, fondée jadis par la
fameuse reine Jeanne; or ceux qui en profitaient,
ennuyés sans doute de monter jusqu'au couvent
bâti sur une cime élevée près du château Saint-Elme,
prétendirent exiger que la distribution fût faite sur
la place du Marché. Les religieux repoussant naturellement une semblable prétention, les intéressés
ne songèrent à rien moins qu'à la soutenir les armes
à la main. Les flancs agrestes du rocher se couvrirent
donc tout à coup d'une légion de gueux. Aveugles,
boiteux, manchots, estropiés, grimpaient ensemble,
porteurs de bâtons, de piques et d'arquebuses, parlant d'incendier le monastère et d'égorger tous ses
habitants. Les chartreux avaient d'abord fermé leurs

portes et demandé du secours au château voisin ;
mais l'attaque prenait des proportions si effrayantes,
grâce au concours des nombreux et dignes amis de
ces braves gens, qu'ils durent se résoudre à transiger. Deux d'entre eux sortirent en parlementaires,
et les assiégeants ayant obtenu une partie de leurs
exigences redescendirent dans la ville tout fiers de
leur glorieuse expédition (1).

Mais ce fut le 29 juillet que l'insurrection reparut
menaçante, formidable, universelle. Francesco Arpaja,
traversant au point du jour la place du Marché, fut
pris à part en grand secret par un certain Vanno Pa-
nariello, chef populaire très-influent, et par Gennaro Annese, qui déjà commençait à se poser en successeur de Masaniello. Ils lui dirent que le peuple
avait été complétement trompé, attendu qu'en lisant
les conventions jurées on avait passé sous silence plusieurs phrases insérées depuis, pendant l'impression,
et dont la teneur annullerait ou dénaturerait les articles les plus importants ; qu'heureusement personne
encore ne s'en était aperçu ; mais que si l'on ne ré-
tractait pas immédiatement un acte d'aussi mauvaise

(1) De Santis. — Raphaël de Turris.

foi, ils seraient les premiers à dévoiler publiquement cette indigne supercherie en excitant les Napolitains à se faire eux-mêmes prompte justice. Comme Arpaja témoignait son étonnement d'une méfiance selon lui sans motifs, ils mirent sous ses yeux un exemplaire imprimé de la capitulation, où l'article consacrant l'abolition de toutes les gabelles postérieures au temps de Charles-Quint était suivi de cette clause additionnelle : *en exceptant celles qui ont été affermées à des particuliers ;* or, toutes les gabelles étant affermées à des particuliers, la concession capitale demeurait complétement illusoire.

L'élu déconcerté assurait qu'il s'agissait uniquement d'une faute d'impression ; on le conduisit aussitôt à l'imprimerie, et l'exhibition du manuscrit ne lui permit plus de conserver aucun doute. Alors il offrit aux deux chefs d'en parler à l'instant au vice-roi, afin que l'équivoque fût réparée ; il les priait seulement de ne rien divulguer avant son retour. Ils le promirent et venaient de se retirer satisfaits, du moins en apparence, lorsque Arpaja se vit abordé de nouveau. Cette fois c'était par un clerc à moitié défroqué, appelé Onofrio Jacutio qui avait fait la même découverte et demandait deux mille sequins pour garder le secret. Tout en repoussant ces ouvertures, l'élu sut contenir prudemment l'indignation qu'elles lui inspiraient, puis il courut prévenir le vice-roi, ne doutant point que la nouvelle ne fût promptement répandue et qu'elle n'eût les plus déplorables résultats.

Toujours flottant, toujours incapable de mettre à profit la triste expérience qu'on aurait pu lui croire acquise à ses dépens, le vice-roi ne comprenait pas encore que lorsqu'il devient indispensable de transiger avec le peuple exaspéré, le mieux est de faire les concessions alors qu'elles sont demandées à genoux comme une grâce, sans attendre le moment où, les armes à la main, on les exigera peut-être comme un droit. Il reprit donc sa politique ordinaire de conférences interminables et de réponses évasives, alléguant qu'il ne pouvait d'un trait de plume ruiner cinquante mille familles intéressées de tout temps au fermage des impôts. Cette raison, puissante en elle-même, était sans valeur dans la situation. Assurément c'est un principe de haute justice que tous les droits acquis sont respectables dès qu'ils ont eu pour eux la sanction

des lois du pays, et que si par hasard ils reposent sur
des abus dignes de réformes, ces réformes doivent
s'effectuer peu à peu avec beaucoup de mesure, en
prenant soin d'indemniser les possesseurs de bonne
foi; mais ici les circonstances étaient singulièrement
exceptionnelles. L'abolition complète et immédiate
des gabelles avait été la condition première de l'accommodement; condition débattue, acceptée et jurée, qui
ne pouvait plus être mise en discussion. Chercher des
prétextes pour en éluder l'accomplissement devenait
un parjure, un acte d'indigne mauvaise foi dont les
funestes conséquences devaient infailliblement raviver
les haines et les rendre plus terribles que jamais. Ces
considérations furent exposées au duc d'Arcos par le
cardinal-archevêque, par quelques conseillers et par
un grand nombre d'hommes judicieux; il fut forcé
d'en reconnaître la justesse, mais il se maintint dans
sa fatale inaction, laissant le bruit de sa fourberie se
répandre rapidement jusque dans les faubourgs.

Bientôt les cris d'alarme et de trahison retentissent de toutes parts; les bandes armées reparais-
sent, et les masses se lèvent pour soutenir la validité
du traité, non tel qu'il est sorti de l'imprimerie,

mais tel qu'elles l'ont entendu lire à la cathédrale.
La place du Marché sert encore de point de rallie-
ment. Des sculpteurs et des marbriers y travaillaient
précisément à dresser les tables sur lesquelles on devait graver les fameux articles. Le peuple veut massacrer ceux qu'il nomme faussaires exécrables, ils n'ont
que le temps de s'enfuir sous une grêle de pierres.
Enfin l'insurrection surgit aussi puissante que le jour
où elle proclamait généralissime le poissonnier Masaniello.

Quant au duc d'Arcos, il reprit son manége invariable : se renfermer à Castelnuovo, envoyer des émissaires au peuple, et offrir toutes espèces de concessions. Mais cette fois rien ne réussissait; la défiance
générale repoussait avec indignation les promesses
d'un pouvoir déconsidéré; les messagers étaient insultés, toute médiation semblait impossible. Le prince
de la Rocca, neveu du cardinal, s'aventure pourtant
à cheval au milieu des groupes, et, grâce à sa popularité bien établie, parvient à se faire écouter. Les paroles conciliatrices calment peu à peu la première
exaspération, il s'efforce de tout rejeter sur une erreur involontaire des copistes, fruit de la précipita-

tion extrême avec laquelle on avait transcrit la capitulation; il obtient qu'un délégué sera choisi par le
peuple, afin de corriger l'article défiguré en le rédi-
geant d'une manière si claire et si précise qu'il ne
puisse plus désormais donner matière à interpréta-
tion. La multitude désigne le clerc Jacutio, lui-même,
et le prince l'emmène dans l'église du Carmel pour régler le différend sans désemparer.

La conférence fut de courte durée; les deux négociateurs tombèrent d'accord sur une rédaction stipulant très-particulièrement l'abolition des gabelles affermées; mais lorsque le clerc sortit pour annoncer à
la foule cette heureuse entente, on lui fit passer une
si prodigieuse quantité de feuilles manuscrites contenant des corrections et des additions relatives, non-
seulement à la clause principale, mais aussi à tous les
articles qui pouvaient donner lieu à la plus légère
équivoque, qu'il fut obligé de rentrer dans l'église, et
de s'y entretenir longuement avec le prince de la Rocca.
Celui-ci comprenait trop bien l'inutilité des résistan-
ces inopportunes pour élever en ce moment la moindre objection. Il s'adjoignit un certain Gregorio Ac-
cieto, marchand de soie très-estimé des Napolitains,

et tous trois allèrent incontinent exposer les nouvelles exigences à qui de droit.

Le duc d'Arcos les reçut, selon sa coutume, avec toutes les apparences d'une sincère cordialité ; il leur réitéra les protestations les plus exagérées de sa bonne
foi, accepta sans aucune difficulté les modifications
proposées, et les signant presque sans les lire, il déclara de nulle valeur l'édition précédemment publiée.
Il chargeait, en outre, les députés de l'insurrection
d'affirmer au peuple qu'il n'était occupé que de son
bien-être. Grâce à cette triste comédie, il les congé-
dia fort satisfaits.

Le prince, le clerc et le marchand retournèrent à
la place du Marché où les attendait la foule armée déjà
fatiguée de son inaction. Aussi se dispersa-t-elle en
groupes joyeux dès qu'elle apprit le plein succès de sa
manifestation.

CHAPITRE III.

L'habitude des rassemblements et du tumulte devenait une seconde nature pour la populace napolitaine. Il semblait qu'elle recherchât toutes les occasions de s'abandonner à ce terrible penchant, et comme assurément les prétextes ne manquaient point à des esprits si bien disposés, non plus que les instigateurs de désordre encouragés par l'impunité, il était rare qu'un jour se passât sans que la tranquillité fût troublée d'une façon ou d'une autre.

Dans la première semaine d'août le peuple armé se réunit sur la place du Carmel, foyer permanent de l'insurrection, et résolut d'attaquer les maisons de jeu de la ville; de bruyantes clameurs annoncèrent le départ de l'expédition, les salles furent envahies,

l'argent volé, les joueurs poursuivis à coups de pierres et les édifices incendiés. Un Sicilien, homme de
cœur et propriétaire de l'un de ces établissements,
cherchait à en défendre l'entrée ; les assaillants le
mirent en pièces (1).

Une autre fois le mouvement se dirige vers
l'église des pères Théatins de la rue de Tolède, afin
d'en arracher un soldat espagnol qui s'y était réfugié. On le maltraite cruellement, on le conduit en
présence du vice-roi, auquel on demande de le con-
damner à être pendu, pour avoir déchargé son arquebuse contre le peuple dans une des précédentes
émeutes. L'autorité suprême refuse nécessairement
de rendre une pareille sentence. Alors, sans plus
attendre, le peuple traîne lui-même sa victime au
gibet (2).

Le 8, on pille et on brûle à Piedigrotta, le palais
du prince de Caramanica, homme obscur et de basse
extraction, qui avait amassé en peu d'années des richesses incalculables. Les flammes dévorèrent encore
les objets les plus précieux. Les historiens contem-

(1) De Santis. — Raphaël de Turris.
(2) De Santis.

porains parlent entre autres d'un fameux fauteuil tout incrusté de grosses perles fines (1).

Il n'y eut pas jusqu'aux frères Franciscains qui ne suscitassent de graves désordres. La cité ayant formellement reconnu saint Antoine de Padoue pour l'un de ses protecteurs, on lui avait érigé une statue d'argent destinée, comme celle des autres patrons, à ne sortir du trésor de la cathédrale que dans les processions solennelles. Mais un débat opiniâtre s'était engagé entre les Franciscains et les Capucins relativement à la forme que devrait avoir le capuchon ; les uns le voulaient rond, les autres le voulaient pointu ; il avait fallu déposer la statue chez le régent Capecelàtro, jusqu'au prononcé du jugement. Les Franciscains redoutant beaucoup, pour l'issue du procès, l'influence dont les Capucins jouissaient à Rome, résolurent de mettre à profit l'esprit de révolte qui régnait, et aussi cette circonstance particulière que le saint avait été provisoirement coiffé selon leur goût ; en conséquence, réunissant leurs âmes dévouées sur la place du Marché, ils assaillirent la maison du régent, s'emparèrent de l'effigie sacrée, non sans rixes

(1) De Santis. — Capecelatro, M. S.

violentes avec les partisans de leurs adversaires, et transportèrent tumultueusement leur conquête à la chapelle du trésor. De nombreux chapelains nobles s'y trouvaient réunis; ils ne manquèrent point de les expulser, afin de les remplacer par des plébéiens, puis ils confièrent la garde de saint Antoine aux chanoines, et achevèrent ainsi de capter la bienveillance de l'archevêque (1).

Après les moines, ce fut le tour des étudiants. Chacun devait apporter son contingent au désordre universel. Ils s'armèrent au nombre de quatre mille environ, et réclamant avec menaces une diminution considérable dans les droits de l'université, ils effrayèrent grandement le recteur et les membres du conseil. Mais comme la plupart des mutins étaient étrangers à la ville, tandis que les dignitaires de l'université étaient tous Napolitains, la populace prit parti pour ces derniers, en sorte que l'émeute fut combattue par l'émeute elle-même. Les étudiants se virent bientôt dispersés; les uns s'enfuirent, d'autres se cachèrent, quelques-uns essuyèrent les traitements les plus

(1) De Santis.

cruels, et ceux qui essayèrent de résister périrent misérablement (1).

Ces troubles journaliers et les nouvelles des provinces où l'anarchie devenait de jour en jour plus effroyable, émurent cependant le duc d'Arcos, encouragé d'ailleurs par l'espoir de recevoir prochainement des secours d'Espagne ; il ordonna de justes répressions et prit quelques mesures efficaces. Les masses populaires organisées en légions se laissaient conduire aveuglément par ceux qui se trouvaient à leur tête ; le duc espéra modifier leur impulsion en changeant les principaux chefs ; mais ses choix d'une maladresse déplorable produisirent un effet tout contraire à celui qu'il attendait. Il nomma des hommes mal vus de la populace, sans influence par conséquent, et de plus, d'une bonne foi fort douteuse ; ce furent Onofrio Caffiero, de Sainte-Lucie, que l'on accusait d'avoir empoisonné chez lui Masaniello le jour du banquet, et Salvator Baroni soupçonné d'avoir pris part à son assassinat. Ces deux personnages ne tardèrent pas, il est vrai, à reconquérir dignement leur popularité.

(1) De Santis. — Raph. de Turris. — Capecelatro, M. S.

Enfin le vice-roi renouvela ses ordonnances contre les pillards et les incendiaires, et désireux de les fortifier par quelques exemples salutaires, il s'entendit avec les chefs populaires à sa dévotion, pour qu'ils accusassent eux-mêmes, comme violateurs de la capitulation, ceux qui avaient pris la part la plus active au sac du palais Caramanica et des maisons de jeu. On lui dénonça deux meneurs qui furent immédiatement pendus sans autre forme de procès devant la poterne de Castelnuovo. Ces exécutions impressionnèrent vivement la populace et produisirent tout d'abord un excellent effet. Peu à peu cependant, la foule s'étant agglomérée pour considérer les suppliciés, les plus hardis commencèrent à murmurer que *bientôt le vice-roi les traiterait tous de la même manière*, et ces paroles promptement répétées ne tardèrent point à développer des symptômes d'agitation très-inquiétants. Averti sur-le-champ, le duc fit placer au-dessus de chaque pendu un écriteau sur lequel on lisait en gros caractères: *Accusé par le très-fidèle peuple d'avoir violé la capitulation, en incendiant et pillant sans autorisation du vice-roi et sans ordre des chefs populaires; jugé et condamné à mort pour ce crime.* Cette explication calma subitement les esprits ; les rassemblements se dissipèrent (1).

De nouvelles potences furent ensuite dressées dans le même lieu avec leurs pancartes respectives pour un moine apostat, espion des Français, un cocher voleur, et un soldat espagnol qui avait tué un paysan d'un coup d'arquebuse. Ces diverses sentences obtinrent l'approbation universelle (2).

Malheureusement, à côté de ces actes de vigueur, on voit apparaître un manifeste inqualifiable enfanté par la misérable politique du vice-roi. Il invite les vassaux des terres féodales à venir lui porter les plaintes qu'ils auraient à formuler contre leurs seigneurs, promettant de rendre prompte et complète justice. Le danger d'une telle mesure dans un tel moment, la violente irritation de la noblesse et ses funestes conséquences se devineront facilement.

Le jour suivant la populace de Lavinaro prenait les armes afin de réclamer le frère de Masaniello qu'elle croyait enfermé à Castelnuovo, à moins qu'il n'eût été secrètement exécuté dans son cachot, ainsi

(1) De Santis.
(2) De Santis. — Raphaël de Turris.

que le bruit s'en était répandu ; mais cette fois, contre son ordinaire, le duc d'Arcos affronta résolûment l'émeute : il déclara que l'homme dont on réclamait la liberté était à Gaëte et non pas à Castelnuovo, et que d'ailleurs, fût-il prisonnier dans le château, pour rien au monde il ne consentirait à lui en ouvrir les portes. Cette attitude intimida les groupes ; ils se retirèrent silencieusement, et le vice-roi dut comprendre tout ce qu'il aurait depuis longtemps évité ou obtenu par une sage fermeté déployée à propos (1).

Il s'y prenait bien tard pour montrer du caractère et pour reprendre son rôle de vice-roi. Sa constante faiblesse antérieure l'avait trop décrédité, l'audace populaire avait acquis trop de confiance pour qu'un déploiement passager d'énergie amenât désormais de solides résultats. Aussi les conspirateurs loin de se décourager, se préparaient-ils au contraire à de plus graves entreprises ; déjà les chefs et les instigateurs de l'insurrection permanente combinaient un vaste plan dont la réussite pouvait amener les plus terribles conséquences ; déjà les agents français

(1) De Santis. — Capecelatro, M. S. — Comte de Modène.

travaillaient activement dans ces mystérieux conci-
liabules, répandant l'or et les instructions du marquis de Fontenay, qui dès les premiers jours de la
révolte épiait le moment de la faire tourner au profit
de son souverain.

Les conjurés résolurent de frapper hardiment un
coup décisif, le jour de l'Assomption, en s'emparant
à la fois de la personne du vice-roi, de tous les membres de sa famille, des généraux, des conseillers et
des hauts fonctionnaires espagnols. Il fut décidé que
pour assurer le succès, on les prierait tous au nom du
peuple d'assister au service solennel qui devait se
célébrer à la cathédrale, et l'élu Francesco Arpaja,
jaloux de se réhabiliter dans l'opinion de ses amis
politiques qui lui reprochaient les nombreux emplois
lucratifs distribués à ses proches parents, se chargea
sans hésiter de transmettre l'invitation. Comme on
s'était déterminé précipitamment le matin même de
la fête, il se rendit de fort bonne heure au palais
afin de remplir en temps utile sa traîtreuse mission.
Un tel empressement, et surtout le désir de le voir si
bien accompagné éveillèrent la méfiance du duc, qui
après mûre réflexion prit le parti de se rendre seul à

l'église, en excusant la vice-reine, sur la difficulté de
se préparer à la cérémonie dans un si bref délai et
les autorités espagnoles sur l'impossibilité de termi- ◦
ner assez rapidement certaines affaires majeures.

- Cette réponse inattendue déconcerta d'abord les
conjurés ; mais le vice-roi, leur assurant sans affecta-
tion que le soir même il assisterait aux vêpres avec
toute sa famille ainsi que tous les dignitaires invités,
ils convinrent de retarder le signal de quelques heures, tenant alors le succès pour certain. La messe terminée, le duc rentre au palais, confirmé dans ses
soupçons tant par l'étude qu'il a faite des physiono-
mies, que par certains mots isolés qu'il a recueillis à
la volée. Il met en jeu sur-le-champ toutes les ressources de police à sa disposition, et bientôt les rap-
ports de ses gens a joints à la révélation spontanée
d'un délateur, lui apprennent le danger auquel il vient
d'échapper et celui qui le menace encore. La tempo-
risation n'était plus possible ; il convoque sans perdre un instant les chefs plébéiens les plus dévoués à
sa cause, il réclame leur appui, et se fait livrer les
principaux organisateurs du complot. Soumis à la
torture, ces misérables dévoilent toute la trame du

I.   18

crime projeté, et sont pendus sur-le-champ. Leurs cadavres demeurent exposés devant la poterne du château (1).

L'activité, l'énergie déployées en cette occasion, l'habileté des recherches et la rapidité des exécutions consternèrent la ville entière, et jetèrent l'épouvante dans ces masses populaires qui ne savaient rien de la conjuration, mais qui l'eussent certainement appuyée dès qu'elle aurait éclaté. La tempête s'éloigna donc une fois encore tout en laissant à l'horizon ses nuages sombres que pouvait ramener le premier souffle orageux.

(1) De Santis.

CHAPITRE IV.

Giulio Genovino, véritable type des fauteurs de troubles et des organisateurs d'émeutes, voyait avec impatience différer le payement de ses importants services; il réclamait la réalisation des promesses qu'on lui avait faites, alors qu'arbitre souverain des tendances populaires et conseiller intime de Masaniello qui l'écoutait comme un oracle, il pouvait seul sinon calmer l'insurrection, du moins lui donner une direction favorable aux intérêts du gouvernement; tâche dont il s'était d'ailleurs acquitté avec beaucoup d'adresse, d'abord en prêchant la loyauté et l'obéissance au roi d'Espagne, ensuite en reconnaissant pour authentique le fameux privilége de Charles-Quint, plus tard en s'opposant à l'occupation du château Saint-Elme et enfin en précipitant la ruine du malheureux poissonnier. Le duc d'Arcos lui renouvelait continuellement l'assurance de tenir sa parole, tout en cherchant le plus possible à retarder ce fatal moment. Il craignait à juste titre de voir s'évanouir aussitôt toute cette influence dont il avait encore un si grand besoin. Mais les instances du vieillard devinrent si pressantes, l'ambition étouffa tellement chez lui la sagesse, ainsi qu'il arrive d'ordinaire, que le vice-roi lui accorda définitivement la présidence du tribunal de la Sumaria. Le résultat confirma du reste pleinement ses craintes, c'est-à-dire que la popularité de Genovino disparut avec son masque (1).

Afin de rétablir un peu son crédit vis-à-vis de la classe nombreuse des tisseurs de soie, le magistrat improvisé avait obtenu du vice-roi une ordonnance extravagante en vertu de laquelle toute la soie qui entrerait dans les magasins de Naples, ne pourrait en sortir que pour être employée dans la ville même, au grand détriment des fabriques de province (2). Les courtiers et les marchands ne manquèrent point

(1) De Santis. — Comte de Modène. — Raph. de Turris. — Capecela-tro, M. S. — Baldachini, etc.
(2) Voir l'Appendice, n° 14.

de protester contre une mesure si préjudiciable à
leurs intérêts puisqu'elle les mettait à la merci de
quelques fabricants de la capitale, ils formèrent
une demande en justice et le procès s'engagea dans
les formes. Le tribunal saisi de la cause et chargé
de prononcer la sentence était présidé par Fabrizio
Cennamo, personnage dont la populace avait brûlé le
palais et les richesses aux premiers jours du soulèvement.

Les avocats des deux parties le récusèrent unanimement, se fondant sur un article de la capitulation
qui interdisait toute fonction publique à quiconque
se serait attiré le ressentiment populaire, et aurait eu à
souffrir du pillage ou de l'incendie dans les événements antérieurs. Mais Cennamo, n'acceptant point la
récusation, entreprit de prouver qu'il n'avait aucunement encouru le mauvais vouloir du peuple, et que
s'il avait subi de cruelles persécutions, il les devait uniquement à des vengeances particulières exercées sans
l'ordre de Masaniello, ni d'aucun chef des faubourgs.
Giulio Genovino appuyait cette assertion d'un certificat
signé de lui et de plusieurs de ses adhérents; les signatures se multipliaient et le document circulait de

mains en mains, lorsqu'il vint à tomber entre celles
d'un certain Horacio Rosseto connu sous le sobriquet
de Razullo, capitaine du quartier de la Zecca, ennemi
déclaré du président de la Sumaria, l'ancien conseiller du très-fidèle peuple. Il lut à haute voix la pièce
manuscrite au milieu d'un groupe de gens bien inten-
tionnés, ajoutant des commentaires de sa façon et accusant de trahison les signataires. Ses déclamations
devenaient de plus en plus violentes à mesure que la
foule grossissait autour de lui ; il finit par crier qu'avec
de pareils certificats on ramènerait prochainement au
pouvoir les plus terribles ennemis du peuple, qui ne
reculeraient devant aucun crime pour satisfaire leurs
haines vindicatives ; qu'avec de pareils certificats on
retournerait tout droit à la servitude, et qu'enfin le
peuple, déshonoré, verrait qualifier d'infâme pillerie
tous ses actes de solennelle justice, tandis que des
triomphes seraient réservés aux fonctionnaires préva-
cateurs qui avaient mérité la réprobation universelle.
La harangue de Razullo produisit naturellement son
effet, et la masse populaire rapidement accrue témoi-
gna son indignation sympathique en suivant l'orateur
qui marchait vers le tribunal.

Ceci se passait le 21 août, Cennàmo siégeait au tribunal menacé, traitant la question des soies. Génovino assistait aux débats, un exprès du vice-roi vint les avertir de l'imminence du péril ; ils se retirèrent précipitamment en lieu sûr, et quand la populace arriva, détruisant tout sur son passage, elle n'eut pour assouvir sa fureur que des objets inanimés.

Exaspérée de voir échapper ses victimes, grossie continuellement par de nouveaux renforts, et toujours guidée par Razullo, elle quitte l'édifice après l'avoir incendié et se porte sur la place du Palais, appelant à grands cris le duc d'Arcos et réclamant les fugitifs que l'on supposait réfugiés à Castelnuovo (1). Le duc cherche à conjurer l'orage au moyen d'une allocution bienveillante, il atteste que l'asile des deux présidents lui est inconnu. Mais la multitude s'agglomérant sans cesse davantage, et la ville entière prenant les armes, Salvator Baroni, impatient de se distinguer parmi les siens, entraîne les insurgés du faubourg de Mortelle, envahit de son propre mouvement la place des Anges, et attaque Pizzo-Falcone. Cette importante position était gardée par une compagnie de vétérans

----

(1) Capecélátro, M. S.

sous les ordres du mestre de camp, Don Prospero Tuttavilla. Bien que surpris, ils allaient opposer une vive
résistance, lorsque l'apparition d'Onofrio Caffiero qui,
maître du couvent de Saint-Louis, se joint à Baroni à la tête des gens de Sainte-Lucie, les oblige à
opérer péniblement leur retraite vers le palais. Leur
chef et le duc d'Ascoli restent au pouvoir des révoltés
qui s'emparent sans coup férir du quartier des Allemands, puis des hauteurs de Trevico d'où l'on domine le château de l'OEuf.

Ces avantages si facilement obtenus par le peuple
et l'épouvantable tumulte de la place du Palais, en-
combrée d'insurgés qui demandaient non-seulement
Genovino et Cennamo, mais aussi le frère de Masaniello, engagèrent le duc d'Arcos à prendre ses dispositions favorites, c'est-à-dire à se retirer avec sa
famille à Castelnuovo, en recommandant à ses gardes
d'éviter soigneusement toute collision.

La foule ignorait le départ du vice-roi; lorsqu'elle
se fut épuisée en vociférations inutiles, elle déses-
péra d'obtenir satisfaction, et se mit à lancer des pierres contre le poste des soldats allemands ; ceux-ci se
voyant pour ainsi dire abandonnés aux insultes de la

populace, songèrent à leur défense et firent une décharge de mousqueterie, malgré les ordres exprès du
duc d'Arcos. Deux hommes seulement tombèrent
morts; attendu que la multitude, en voyant bander les
rouets, s'était jetée précipitamment la face contre
terre afin de laisser passer les balles. Les plus éloignés
crurent que la décharge avait été horriblement meur-
trière, et loin de s'en effrayer ils n'en devinrent que
plus furieux; le siége du palais fut entrepris sur-le-
champ. Ceux qui manquaient de bravoure n'en servaient pas moins l'insurrection; ils couraient dans les
faubourgs et répandaient la nouvelle du désastre ima-
ginaire en appelant des vengeurs.

Le mouvement s'opéra sur tous les points à la fois.
Il se fit un affreux massacre des Espagnols que l'on
assassinait au milieu des rues (1). — Un Napolitain
trempe son pain dans le sang encore fumant des victimes, le mange, et porte ses doigts à ses lèvres par
un raffinement de férocité (2). Il s'engage entre les
troupes et le peuple une lutte effroyable. Les malheureux soldats, surpris, disséminés, sans ordres et sans

(1) Capecelatro, M. S.
(2) De Santis.

moyens de se rallier, sont écrasés par le nombre et ne peuvent que se retrancher dans leurs quartiers respectifs et dans le palais où ils se défendent vaillamment.

Le peuple de Naples n'avait plus de chef suprême pour diriger ses opérations; et cependant jamais il ne s'était montré si hardi à l'attaque, ni si opiniâtre au combat. Tandis que les uns affrontent audacieusement le feu, d'autres prennent possession de la Douane, et y trouvent une quantité considérable d'armes de toutes espèces; des bandes habilement conduites placent de l'artillerie sur des points très-favorables pour inquiéter le palais et les châteaux; enfin des canons et des vivres sont transportés dans la grosse tour du Carmel.

L'ardent agitateur du faubourg de Mortelle, le batteur d'or Andrea Polito fond à l'improviste sur la chartreuse de Saint-Martin, s'y établit avec son monde, et menace sérieusement le château Saint-Elme, contigu au monastère, en braquant contre lui quatre grosses pièces d'artillerie. La situation devenait terrible; tandis que les Espagnols fortifiaient le palais en toute hâte, garnissant de pierriers les balcons et les

terrasses, ouvrant des tranchées, et amoncelant les
fascines, sans interrompre un moment le feu, le duc
pensait à ravitailler le château, qui n'avait que fort
peu de munitions et de vivres, et qu'assiégeaient de
tous côtés les masses populaires. Ordre est donné aux
galères de ramer vers la tour de l'Annonciade et de
recueillir autant de grains et de farine qu'en renferme-
raient les moulins de Castellamare; mais le peuple
est averti de l'expédition projetée, des groupes nombreux couvrent le rivage et rendent impossible un
débarquement.

La nuit s'approchait ; la lutte ne ralentissait point ;
l'acharnement faisait oublier la fatigue. Le vice-roi
fort abattu s'adresse encore au cardinal-archevêque,
le priant avec instance de se montrer aux masses, de
chercher à les calmer d'une manière ou d'une autre,
de sauver la ville et le royaume des calamités incalculables qui vont fondre sur eux.

La périlleuse mission est acceptée sans hésiter par
le prélat ; accompagné de Giuseppe Palumbo, ce chef
prudent qui savait toujours se ménager de hautes
protections, il parcourt à cheval, au milieu du sifflement des balles, les quartiers où le carnage est le

plus affreux, prêchant la paix les yeux remplis de
larmes. Vains efforts! les témoignages de respect et
de vénération ne cessent, il est vrai, de l'entourer;
mais il rencontre partout des hommes altérés de sang,
possédés d'une sorte de rage infernale qui ne leur
permet de rien écouter. Ses tentatives ne sont pas
moins infructueuses pour pénétrer à Castelnuovo
près du vice-roi; exténué, découragé, glacé d'horreur, il regagne enfin le palais épiscopal à une heure
très-avancée de la nuit.

Celle-là fut digne en tout point du jour qui l'avait
précédée; le canon tonna sans relâche, les ouvrages
d'attaque et de défense se poursuivirent activement
à la lueur des incendies.

CHAPITRE V.

Le jour suivant les différents chefs populaires, qui
venaient d'agir avec tant de bonheur, sans cependant
s'être concertés d'avance, se réunirent en conseil, et
s'occupèrent de trouver un capitaine-général, pour
donner de l'ensemble à leurs efforts. Ils désignèrent
unanimement le chevalier Don Carlo de la Gatta,
fameux par sa défense d'Orbitello dont nous avons
déjà parlé. Mais ce brave et loyal gentilhomme
repoussa énergiquement la proposition, manifestant
que, lors même qu'il n'en serait pas empêché par ses
infirmités et son âge, son honneur et la foi jurée ne
lui permettraient pas de seconder l'insurrection.
Alors, on jeta les yeux sur Don Francesco Toraldo
d'Aragon, prince de Massa, mestre de camp général, dont la réputation militaire s'était glorieuse-

ment établie dans les dernières guerres de Catalogne. Étrangement surpris des fonctions auxquelles il était appelé, l'illustre personnage voulut d'abord s'y refuser avec une noble franchise ; mais son amour pour sa jeune femme, dont les émeutiers s'étaient fait un otage, et aussi les instances des agents secrets du viceroi, qui tremblait de voir tomber le commandement entre des mains moins fidèles à la couronne d'Espagne, le déterminèrent enfin, par la crainte de plus grands maux, à prendre la suprême direction d'une rébellion furibonde.

Nous avouerons, qu'une pareille transaction ne saurait avoir notre assentiment. Celui qui gouverne les masses, sans partager leurs projets ni leurs idées, doit avoir fort peu d'action sur elles, il doit être impuissant à les contenir ; il manque, sous un prétexte spécieux, aux devoirs de l'honneur et de la conscience. Le prince Toraldo songea pourtant à tranquilliser la sienne, il exigea des chefs populaires une déclaration solennelle, reçue par le notaire de la ville, et attestant qu'en aucune façon le soulèvement ne saurait porter atteinte aux droits de la souveraineté royale (1).

(1) De Santis.—Capecelatro, M. S.—Comte de Modène.—Raph. de Turris.

Il se mit donc à la tête du peuple insurgé, et choisit immédiatement pour mestre de camp général Onofrio Desio, officier supérieur distingué, dévoué à la cause espagnole, jouissant d'une grande influence au conseil collatéral, et très-bien vu du vice-roi. C'était débuter d'une manière habile dans le rôle si difficile qu'il venait d'accepter.

Reconnu sans la moindre opposition, par tous les quartiers de la ville, le nouveau capitaine-général du très-fidèle peuple visita les postes militaires avec son lieutenant, au milieu des plus bruyantes acclamations. Quel fut son étonnement en arrivant à la chartreuse Saint-Martin, où commandait Andrea Polito, de voir que cet homme redoutable, ayant conçu le hardi projet de conduire une mine jusque dans les citernes du château Saint-Elme, dirigeait des ouvrages souterrains déjà très-avancés. Toraldo reconnut d'un coup d'œil combien le péril était grand, il loua le projet de peur d'inspirer la défiance, et approuva beaucoup l'exécution; mais afin de la retarder autant que possible, il parla de la nécessité de ne rien précipiter avant que tout fût prêt pour assurer la victoire aux assaillants; il promit de s'en occuper sans retard, et fit prévenir en secret la garnison de se tenir sur ses gardes.

Cependant, le duc d'Arcos veut essayer encore les moyens de conciliation, il expédie des messagers porteurs de nouvelles offres d'amnistie, de nouvelles promesses d'observer la capitulation ; il ne recueille partout que des témoignages de répulsion et de mépris, des insultes dégradantes pour son autorité, des malédictions épouvantables contre sa personne abhorrée.

Le cardinal-archevêque travaillait avec plus de fruit; en parcourant la ville dès le matin, il avait étudié la véritable situation des esprits, et concerté sur-le-champ ses mesures pour en tirer le meilleur parti possible. Malgré son terrible aspect de la veille, malgré les avantages qu'elle avait obtenus, l'insurrection était loin de réunir cette unanimité compacte qui semblait d'abord la rendre formidable. Tandis que la populace et les meneurs exaltés combattaient sans relâche avec un acharnement frénétique, tous les gens qui avaient quelque chose à perdre, les marchands, les commerçants, les propriétaires désiraient vivement la fin d'un état de choses si fatal à leurs intérêts. Ce fut sur

cette classe nombreuse que le prélat fonda l'espoir de
ses négociations. Il parvint, non sans peine, à réunir
au couvent de Saint-Augustin un conseil composé de
personnages importants, des élus des sédiles, et d'une
grande partie des capitaines plébéiens. On y reconnut
que les prétentions du président Cennamo étaient le
principe de la nouvelle prise d'armes, et l'on décida
que des stipulations supplémentaires seraient proposées au vice-roi, afin d'établir expressément : que tous
ceux dont les maisons avaient été brûlées par le peuple
seraient exilés à perpétuité du royaume, eux et leur
descendance; que les signataires du certificat en faveur de Cennamo seraient bannis pour dix années,
terme que le peuple pourrait même prolonger s'il le
jugeait convenable; qu'une amnistie pleine et entière
couvrirait les derniers événements; que l'on ne pour-
suivrait aucunement ceux qui s'étaient approprié les
armes pillées à la Douane; enfin, qu'on livrerait au
peuple le château Saint-Elme, et que la garde du palais serait confiée aux milices de la ville. Ces conditions avec leurs gloses minutieuses formaient cinquante-huit articles, et la junte décréta, en outre,
qu'une suspension d'armes protégerait les conférences

tout le temps de leur durée. La tour du Carmel hissa un drapeau blanc pour annoncer la trêve; Castelnuovo arbora le même signal, et le cardinal s'y rendit, salué par des vivats qui exprimaient l'approbation, sinon l'enthousiasme.

Tout à coup les révoltés postés à Pizzo-Falcone, soit qu'ils ne voient point le signal, soit qu'ils ne veuillent pas le comprendre, attaquent le palais du côté des jardins, tirant par les fenêtres des maisons voisines et se montrant plus exaspérés que jamais. Le général Tuttavilla qui commande les troupes si violemment provoquées, demande des secours au vice-roi, et celui-ci, toujours indécis, ne sait que résoudre dans la crainte de rompre les négociations pendantes; mais un gentilhomme espagnol de ceux qui l'entouraient, indigné des pénibles hésitations dont il est témoin, rompt brusquement le silence en s'écriant d'une voix tremblante de colère : « *Qu'est-ce donc que l'on attend? Devrons-nous passer pour des lâches et mourir tous ici comme des poules? (1)»* Ces paroles, dit l'historien Santis, firent

(1) « ¿ *Que se espera ?... ¿ Queremos acreditarnos de cobardes, y morir aqui como gallinas ?...»*

tressaillir le vice-roi, malgré sa pesante torpeur ; elles
lui arrachèrent l'ordre inespéré d'employer l'artillerie des forts.

Les premières volées de canon de Castelnuovo
suffirent pour déloger le peuple des abords du jardin
royal, et bientôt toutes les pièces étant dirigées vers
les rues qui aboutissaient au port, exercèrent de
grands ravages dans les masses agglomérées sur ce
point. Les chefs populaires, afin d'obliger à suspendre
le feu, imaginèrent d'élever une sorte de dais avec
un portrait du roi Philippe IV ; et comme un boulet
vint détruire leur ouvrage, ils se prirent à crier que
le duc et les Espagnols étaient des traîtres et méri-
taient la mort pour ce crime de lèse-majesté.

Le château Saint-Elme commençait aussi à faire
jouer son artillerie, et le peuple se massait précipitamment vers le pont des Anges, à Pizzo-Falcone, où le
prince Toraldo accourut fort inquiet. Les boulets ren-
versèrent plusieurs maisons, et la confusion fut bientôt à son comble. Pourtant les insurgés ne se dé-
courageaient point ; leurs canons, établis à *la Porta di
Trevico*, répondaient à ceux des Espagnols en tirant
sur Castelnuovo, sur le château de l'OEuf et même

sur les galères qui, tourmentées également par le feu
de la tour du Carmel, levèrent l'ancre et se retirèrent au delà de l'île Nisida, près du Pausilippe.

Nous avons laissé le cardinal Filomarino se dirigeant du couvent de Saint-Augustin au fort de Castelnuovo. Tant d'événements imprévus l'ayant arrêté au
milieu du trajet, il s'était réfugié dans le palais de
Cornelio Spinola, et ce fut de là qu'il envoya quatre
membres de la junte réunie par ses soins porter au
vice-roi les nouveaux articles supplémentaires, avec
supplications ardentes de les ratifier sur-le-champ.
Ce message ranima le duc; il vit briller un rayon
d'espérance, et arborant encore la bannière blanche,
donna l'ordre immédiat de suspendre partout les hostilités.

Au château Saint-Elme, la mine d'Andrea Polito
était sur le point d'atteindre son but, et le brave gouverneur Galiano s'apprêtait déjà, malgré la faiblesse
numérique de son monde, à tenter une vigoureuse
sortie, lorsque les signaux du vice-roi le contraigni-
rent à l'inaction.

D'accord avec le duc d'Arcos, Don Francesco Toraldo travaillait de son côté au rétablissement de l'or-

dre, et parvenait peu à peu à faire respecter la trêve. Il chargea son lieutenant Desio de s'entendre avec Polito qu'il connaissait particulièrement, et de lui offrir, s'il voulait renoncer à sa mine, une certaine somme d'argent, ainsi qu'une mitre pour son fils, simple religieux. Grâce à cet accommodement le patriote incorruptible promit d'abandonner son dangereux projet (1).

Enfin la lutte cessa sur tous les points, à la grande joie de tous les gens de bien. Mais le vice-roi laissa passer la journée sans envoyer la ratification des articles proposés, ce qui entretint l'irritation populaire et le fit accuser unanimement par la ville entière d'être la cause incessante des désastres qui la désolaient.

Les provinces n'étaient guère moins agitées que la capitale. Partout l'anarchie régnait en souveraine. A Chietti, à Lanciano, le sang coulait en abondance. Capoue, jusqu'alors d'une tranquillité parfaite, venait enfin de subir à son tour l'influence de la contagion générale. Sa garnison, très-affaiblie par les secours envoyés à Naples, s'était trouvée impuissante à contenir le débordement populaire ; retranchée dans les

____
(1) De Santis. — Capecelatro, M. S.

forts, elle voyait du haut des remparts les sanglantes horreurs de l'émeute sans pouvoir intervenir. Ces nouvelles achevèrent d'abattre le duc d'Arcos, et augmentèrent de plus en plus sa funeste perplexité.

CHAPITRE VI.

Le 29 août, le vice-roi n'ayant fait connaître
encore aucune détermination, le peuple, sans s'inquiéter de la trêve, continua ses préparatifs hostiles,
déployant surtout son activité à la Chartreuse de
Saint-Martin, afin d'enlever le château Saint-Elme,
dont il ambitionnait la possession avec ardeur. Plus
de cinquante mille hommes armés s'étaient réunis
sur ce point dans la nuit, prêts à donner l'assaut dès
que la mine aurait joué. Ils la croyaient beaucoup
plus avancée qu'elle ne l'était en réalité, ignorant
le changement opéré dans les dispositions de Polito. Le gouverneur du fort, bien qu'il eût reçu
quelques secours, ne pouvait se dissimuler le danger
de la situation ; il fit des signaux à Castelnuovo
et, n'en recevant point de réponse, envoya l'enseigne

Don Alonso de Céspedes prendre les ordres du vice-
roi. L'officier sortit déguisé par une poterne et traversa
fort heureusement les lignes ennemies; mais il trouva
le duc dévoré d'inquiétude, car les révoltés avaient
ouvert une tranchée dans la rue *dell'Olmo,* et l'a-
vaient garnie de deux grosses pièces d'artillerie capables d'enfoncer la porte de Castelnuovo et de renverser la courtine. Le péril devenait d'autant plus grave
que le commandement de cette batterie était confié à Ottavio Marchese, artilleur très-intelligent. Le
duc avait réclamé contre cette infraction à l'armis-
tice; on lui avait répondu que l'ouvrage datait du
jour précédent. Les nouvelles que lui apporta Céspedes augmentèrent encore ses alarmes; il expédia des
émissaires secrets à l'archevêque, ainsi qu'à Toraldo, et
se plaignit amèrement aux députés de la junte de la
mauvaise foi dont on usait à son égard.

Le capitaine-général se rendit promptement à la
Chartreuse et, secondé par l'adroit Andrea Polito, parvint à modérer l'impatiente ardeur des assiégeants. Il
leur persuada même, à l'aide d'arguments tirés de la
science militaire, qu'une telle agglomération de gens,
loin d'être utile au succès de l'entreprise, pourrait

au contraire lui nuire considérablement ; il en renvoya donc les trois quarts, et donna pour chef à
ceux qui restaient l'homme qu'il jugea le plus disposé à calmer les esprits. Un ingénieur du nom d'A-
vellone, ami de Desio, fut chargé de conduire les
travaux de la mine avec des instructions précises
pour les prolonger indéfiniment. Enfin Toraldo
changea la garnison du monastère, sous prétexte de
faire reposer les bataillons qui depuis trois jours
étaient privés de sommeil et souffraient cruellement
du manque d'eau ; il eut soin de les remplacer par
d'autres beaucoup moins exaltés et beaucoup plus
faciles à diriger ; puis il appliqua le même système
à tous les postes populaires.

Son lieutenant Desio lui représenta qu'il serait
impossible de rétablir un certain ordre tant que les
légions urbaines seraient exclusivement composées
de plébéiens infimes et de gens sans aveu ; qu'il serait
indispensable d'obliger à prendre les armes et d'appeler également au service public les citoyens aisés,
les marchands, les artisans, et tous ceux sur lesquels
on pourrait compter afin d'avoir en eux des auxiliaires
puissants, intéressés d'abord à ramener la tranquillité,

et plus tard à la maintenir. Le prince comprit la sagacité du conseil ; il publia sur-le-champ un ordre à tous les habitants de la cité de venir partager les mêmes fatigues et la même gloire, et cette mesure fut vivement applaudie par la populace qui n'en aperçut point la portée.

Le cardinal Filomarino agissait d'autre part avec non moins de sagesse ; il prodiguait ses allocutions et réunissait une seconde fois au couvent de Saint-Augustin les personnages les plus influents. Comme chacun paraissait irrité de ce que le vice-roi retînt depuis vingt-quatre heures sans daigner leur répondre les émissaires porteurs de propositions, le prélat écrivit à Castelnuovo pour presser l'accommodement.

Pendant ce temps-là les députés négociateurs cherchaient sous main à gagner. Giulio Genovino, réfugié auprès du vice-roi, et lui faisaient demander une entrevue, soit qu'effectivement ils regrettassent pour leur cause la profonde expérience du vieillard, soit qu'ils voulussent l'attirer dans un piége afin d'assurer leur vengeance. Genovino, *avec le flair d'un fin renard,* évita tout rapprochement et répondit aux ouvertures détournées qui lui étaient faites qu'il ne

se fierait jamais à la légèreté d'un peuple si ingrat.
Peu de jours après, le vice-roi l'envoya en Sardaigne.
Il en partit pour se rendre à Madrid ; mais dans une
relâche à Mahon, il mourut chargé d'ans et de
trahisons (1).

Ce même matin, profitant de la trêve, bien reconnue sinon toujours respectée, le prieur de la Roccella,
le grand-croix Giovanni Battista Carraciolo et le duc
de San-Pietro sortirent de Castelnuovo où ils ne se
trouvaient pas traités avec assez de considération (2).
Ne s'étant jamais attiré personnellement la moindre
animosité populaire, ils croyaient pouvoir regagner
tranquillement leurs demeures, lorsqu'ils se virent
assaillis brutalement par la plèbe et conduits devant
Toraldo auquel on demandait leur supplice. Celui-
ci, saisi d'horreur, cherche à convaincre la foule
qu'elle s'attaque injustement à des habitants pacifiques, protégés d'ailleurs par la trêve ; mais les vociférations deviennent telles contre ceux qu'on appelle
espions et traîtres, qu'ils se croient un instant perdus. Ils sont sauvés cependant, grâce aux supplica-

(1) De Santis. — Raphaël de Turris.
(2) Capecelatro, M. S.

tions et aux larmes de la belle princesse de Massa,
qui les réclame en qualité de prisonniers, et qui
s'offre elle-même comme geôlière (1).

Don Juan de Sanfelices, père de celui qui avait
failli payer sa témérité de sa vie, fut moins heureux que ces trois seigneurs. Reconnu près de la
ville au milieu d'une église, il se sauva dans une
cour voisine, où les femmes de la maison l'accueil-
lirent à coups de pierres, le prenant pour un voleur. Le pauvre vieillard eut la triste inspiration de
leur dire son nom en leur offrant une large récompense si elles consentaient à le cacher. Mais ces
furies se ruèrent sur lui, le garrottèrent, et atten-
dirent le retour de leurs maris, afin de livrer glorieusement ce gage de férocité. Toraldo auquel on l'a-
mena fit d'inutiles efforts pour l'arracher des mains
de la canaille, qui, voyant qu'elle n'obtiendrait rien
du capitaine-général, égorgea sa victime sur la place
du Marché, et promena par les rues le cadavre mutilé.

La ville de Naples était dans une situation sans
nom. Il existait une trêve, et l'on ne combattait

(1) De Santis.

pas il est vrai, mais les hostilités n'étaient point
pour cela suspendues. Les préparatifs d'attaque et de
défense continuaient de part et d'autre. Tandis que
le vice-roi persistait dans ses irrésolutions, que les
députés plébéiens demeuraient à Castelnuovo, que
la junte continuait de siéger à Saint - Augustin ,
le peuple, revenant à ses instincts de pillage et
de vengeance, saccageait les palais et les maisons
opulentes.

La mine du château Saint-Elme avançait rapidement en apparence, et le gouverneur Galiano,
qui ne connaissait point les bonnes intentions de
l'ingénieur, s'apercevant seulement que les travaux arrivaient déjà jusqu'aux fondations de la forteresse, se mit à préparer de son côté tant de moyens
de défense, que les assiégeants effrayés commencèrent à réclamer l'observation de la trêve. Le Cas-
tillan répliqua vigoureusement qu'il prenait exemple de ses ennemis; puis il donna connaissance
du tout au vice-roi qui ne répondit rien.

Le président Cennamo fut victime à son tour de cet
état d'anarchie. Ne se croyant plus en sûreté dans
une maison de Pizzo-Falcone, où il se tenait caché

depuis sa fuite du tribunal, il essaya de quitter cette
retraite pour chercher sur la plage de Sainte-Lucie
une barque à l'aide de laquelle il pût rejoindre sa
famille à Sorente. Il sortit dans une chaise à porteurs aux rideaux soigneusement fermés et par excès
de précaution se couvrit le visage d'un mouchoir;
mais c'était lutter contre sa destinée; à peine arrivé
à Sainte-Lucie, il fut reconnu et aussitôt arrêté. En
vain quelques amis dévoués, et par-dessus tout l'in-
fluente intervention d'Onofrio Caffiero, lui procurè-
rent-ils momentanément un asile; en vain le vice-roi
envoya-t-il un détachement des gardes du palais. La
sanguinaire populace parvint à s'emparer de sa personne, prolongea son agonie pour l'accabler de coups
et d'injures, et finit par lui trancher la tête sur la
place ordinaire de ses exécutions, abandonnant ensuite les restes traînés et défigurés sous le pont de la
Madeleine où ils devinrent la pâture des chiens et des
oiseaux de proie (1).

Après mille délais et mille conférences, le vice-roi
déclara enfin aux députés plébéiens qu'il ne pouvait
accepter l'article concernant la remise du château

(1) De Santis.

Saint-Elme, et cela par les motifs déjà exprimés
lorsque cette prétention s'était produite pour la première fois. Il repoussait également la clause tendant
à retirer aux Espagnols la garde du palais, attendu
que ce serait un affront fait à l'armée de Sa Majesté.
Cette réponse promptement connue de la populace
excita chez elle un redoublement de cris de guerre
et de manifestations furibondes.

Le vigilant cardinal, les partisans de la paix et les
chefs véritablement soumis à Toraldo apaisèrent
pourtant l'effervescence et se réunirent à Saint-
Augustin. La question de savoir si l'occupation du
château Saint-Elme constituerait ou non un acte de
rébellion souleva les discussions les plus confuses.
Une commission composée de lettrés fut chargée de
l'examiner. La plupart opinèrent nettement pour
l'affirmative, d'autres ajoutèrent que le vice-roi
n'avait même aucune action sur les gouverneurs espagnols, ceux-ci recevant directement leurs pouvoirs
du souverain. La conclusion était d'ailleurs identique;
mais comme il ne manque jamais de se trouver au
milieu d'une assemblée quelques brouillons intraita-
bles, ou quelques agents soldés par l'or étranger pour

entretenir la mésintelligence, cette minorité turbu -
lente persista opiniâtrément dans son opinion de
rompre toute négociation et de recourir à la voie des
armes. Le débat s'irritait, la foule qui bouillon-
nait dans les rues avoisinantes mêlait ses clameurs à
celles des orateurs, lorsqu'un lettré prend la parole :
« *Concitoyens, s'écrie-t-il, voulons-nous ou ne voulons-
nous pas être vassaux du roi d'Espagne? Si nous le
voulons, montrons-le par nos actes; soumettons-nous
honorablement, sinon, rompons le serment de fidélité,
et déclarons-nous franchement rebelles.* » La question
posée si nettement interdit les plus entreprenants ;
alors un marchand de soie, Matteo Jovele, se lève et
répond d'une voix tonnante : « *Oui, nous voulons
être vassaux du roi d'Espagne, mais nous voulons
être bien gouvernés.* » Des applaudissements unani-.
mes couvrent ces paroles. Desio profitant de l'enthousiasme qu'elles excitent, s'écrie à son tour avec chaleur : « *Eh bien! si nous sommes et si nous voulons
être vassaux du roi d'Espagne, soumettons-nous au
vice-roi qui le représente, et consolidons la base du bon
gouvernément en observant de bonne foi la capitulation.* » Cette allocution ramène la modération dans

l'assemblée, et l'on décide avant de lever la séance, que renonçant aux clauses relatives à l'occupation du château Saint-Elme et du palais, on demandera purement et simplement au duc d'Arcos la ratification des autres articles.

La nouvelle députation, chargée de porter à Castel-nuovo les propositions ainsi modifiées, se composa du fils de Polito, celui qui devait être évêque, et du petit clerc Fatturoso dont nous avons déjà fait mention dans cette histoire. Desio et Marchese montèrent à cheval et parcoururent la ville, criant : *Paix! paix!* et agitant des mouchoirs blancs. Mais à Pizzo-Falcone, où se tenait la partie la plus exaltée de la populace, le chagrin fut tel en apprenant cette bonne nouvelle, qu'une bande de furieux se jeta sur Desio, dont le cheval s'était abattu, et l'appelant traître au très-fidèle peuple, se disposa sur-le-champ à lui dresser un gibet. Déjà le confesseur et le bourreau étaient à leur poste, lorsque le prince de Cellamare et le marquis d'Oliveto, seigneurs très-populaires à Naples, arrivèrent fort à propos. Secondés par les plébéiens Onofrio Rosmundo, Genovino, Ottone et Pietro Canno, ils sauvèrent la vie du prisonnier en signi-

fiant avec énergie à ceux qui l'entouraient que la
paix était définitivement conclue, que la ville entière
l'avait désirée et qu'elle saurait faire respecter sa suprême volonté.

La nouvelle parvint au château Saint-Elme, juste
au moment où, ne comprenant rien à cette agitation
générale dont il augurait du reste fort mal, Galiano
se disposait à recommencer le feu. Ce fut l'élu Arpaja
qui fit éteindre les mèches en élevant un rameau d'o-
livier pour qu'on abaissât devant lui les ponts-levis.

CHAPITRE VII.

Grande fut la joie du vice-roi, en apprenant que les insurgés renonçaient à s'emparer du château Saint-Elme. De peur de les voir revenir sur cette heureuse détermination, il exigea du prince Toraldo qu'un acte public, consacrant le désistement, fixât en même temps la pénalité encourue par ceux qui seraient tentés d'en contester la validité. Le capitaine-général se hâta de convoquer la junte à Saint-Augustin, où l'acte fut immédiatement dressé ; il condamnait au supplice des rebelles quiconque parlerait encore de s'emparer du château (1) ; l'élu le signa, et les hérauts le publièrent à son de trompe.

Cependant le peuple ouvrait une tranchée dans la rue San-Bartholomeo, vis-à-vis de la porte principale

(1) Voir l'Appendice, n° 15.

de Castelnuovo, tandis que d'autres ouvrages offensifs
étaient exécutés dans la rue de Tolède en face du Palais. Le duc d'Arcos en fit d'amers reproches aux députés plébéiens, témoignant que de pareilles infrac-
tions à la trêve paralysaient tout le succès des négociations ; et que d'ailleurs ces préparatifs hostiles dirigés contre lui dans le moment même où il était le
premier à solliciter la paix, n'indiquaient point un
grand désir de conciliation. Les députés se rangèrent
de son avis et coururent parlementer avec les chefs
populaires afin de leur faire entendre la raison. Ceux-ci
ayant répondu qu'ils n'agissaient de la sorte qu'à l'i-
mitation des Espagnols, et parce que la garnison considérablement augmentée s'était fortifiée toute la nuit
dans les jardins du palais, le vice-roi ordonna, pour
les détromper, que deux d'entre eux fussent introduits
et reconnussent clairement leur erreur. Les visiteurs
trouvèrent en effet les choses telles qu'ils les avaient
vues huit jours auparavant ; leur déclaration calma
subitement la multitude.

Toraldo profite aussitôt de ce beau mouvement
de confiance ; il expose que la paix étant désormais
assurée, et les Espagnols ne songeant même plus

à se tenir sur la défensive, toutes ces précautions, devenues inutiles, ces fossés, ces retranchements, ces barricades ne servent plus qu'à interrompre la circulation et rendre la ville inaccessible, au grand préjudice de ses habitants. Il conseille donc de les faire disparaître sans retard. — Il en coûtait beaucoup à la populace de consommer ce dernier sacrifice; mais lorsqu'elle vit les Espagnols donner eux-mêmes l'exemple (en commençant, il est vrai, par ce qu'ils eussent facilement rétabli), elle se laissa persuader, s'empressa de déblayer les rues pour les prochaines fêtes et détruisit en un instant l'ouvrage de tant de veilles, avec son imprévoyance et sa mobilité accoutumées.

Le vice-roi obtint aussi une renonciation importante par l'intermédiaire de l'élu Arpaja qui, voyant la situation changer d'aspect, songeait à se faire bien venir. La junte de Saint-Augustin abandonna la clause où l'on exigeait pour l'amiral et les capitaines de galères, la qualité de Napolitain, elle alla même jusqu'à décréter la peine de mort contre ceux qui reproduiraient cette prétention ou qui susciteraient d'une manière quelconque de nouvelles difficultés au rétablissement de la paix. Quelques heures après, Arpaja n'hésitait pas à faire passer par les armes, sur la place de la Vicairie, un homme du peuple qu'on venait d'arrêter pérorant publiquement en faveur de la guerre.

Malgré ces concessions inespérées, le terrible duc différa de plusieurs jours encore la ratification du traité; il attendait sans doute l'arrivée des secours espagnols, instamment sollicités et dont le retard était véritablement inexplicable; mais son peu d'empressement à signer une adhésion définitive entraîna tout naturellement de désastreuses conséquences.

La ville demeurait plongée dans une incertitude fiévreuse; on ne tirait pas un coup d'arquebuse de part ni d'autre, personne ne prenait l'attitude aggressive, mais chacun demeurait les armes à la main, et le peuple, toujours avide d'émotions et de désordres quand il est oisif et aggloméré, se mit, en attendant la célébration des fêtes, à piller et incendier les palais des grands personnages, partis pour les provinces ou réfugiés à Castelnuovo. Le capitaine général s'efforçait vainement d'interposer une auto-

rité sans consistance, comme toutes celles qui doivent leur origine à la violation même des principes
d'obéissance et de souveraineté. Fort heureusement
on ne pensa plus au prieur de la Roccella, ni aux
autres gentilshommes enfermés chez Toraldo, sous la
garde d'une belle et généreuse femme ; ils purent se
retirer en pleine liberté, accueillis par les vivats de
ceux qui demandaient leurs têtes peu de jours auparavant. Ainsi passent les haines populaires si furieuses
dans le premier moment.

Les provinces du royaume avaient ressenti le con-
tre-coup de chaque mouvement de la capitale ; de
nouvelles émeutes, de nouveaux assassinats les main-
tenaient toujours en combustion. Les tristes nouvelles qu'on en recevait augmentaient l'inquiétude à
Naples, les vivres commençaient à y devenir rares, et
le dégoût pour le gouvernement du vice-roi faisait
journellement de rapides progrès.

Enfin le 5 septembre le duc se décide à ratifier la
capitulation, et l'immense majorité des Napolitains
prouve par des acclamations joyeuses combien elle
aspirait à voir terminer les discordes civiles.

Tandis qu'on ornait splendidement la cathédrale,

pour la solennité de la promulgation et du serment, le vice-roi fut averti que les exaltés et les conspirateurs incorrigibles, peu nombreux il est vrai, mais d'une audace effrénée, songeaient à renouveler la conjuration avortée le jour de l'Assomption. Un grand nombre de prêtres et de religieux lui avouèrent en grand secret avoir appris au confessionnal des complots tramés contre sa vie. Le duc ne savait quel parti prendre; ses amis, redoutant le mauvais effet d'une manifestation timide et considérant d'ailleurs les avis reçus comme exagérés, lui conseillaient de se rendre hardiment à la cathédrale, en prenant seulement toutes les précautions dictées par la prudence; mais le brave gouverneur de Castelnuovo, Vargas Machuca, se prononça chaleureusement pour une résolution tout opposée; il soutint qu'en aucune circonstance l'autorité suprême ne devait risquer de tomber entre les mains des factieux; que la bonne foi des masses importait fort peu, si les excitations d'une douzaine de meneurs suffisaient pour leur faire commettre les plus odieux attentats; et qu'une fois maîtresse de la personne du vice-roi qui représentait la majesté royale, l'insurrection pouvait tout à coup se transformer en rébellion. L'opinion de cet officier célèbre par sa loyauté chevaleresque et son habileté diplomatique, exerça son influence accoutumée ; il fut décidé que le vice-roi ne sortirait pas du château (1).

En conséquence, le duc convoque les chefs populaires à sa dévotion, et les ayant avertis de veiller soigneusement sur leur monde, il fait appeler à leur tour ceux qui passaient pour être moins désireux de la conciliation. Il commence par leur prodiguer de magnifiques paroles, et leur annonce ensuite, tout en leur accordant mille éloges, que de nombreux scélérats et quelques émissaires à la solde des ennemis du roi s'étant glissés traîtreusement au milieu du très-fidèle peuple, avec l'intention bien arrêtée d'empêcher l'accommodement, fût-ce au prix d'un crime, il a résolu, afin de rendre impossibles des tentatives dont le déshonneur retomberait sur les Napolitains, de prêter le serment de fidélité à la capitulation dans la chapelle même du château, le choix du sanctuaire demeurant parfaitement indifférent à la validité de l'acte.

Ceux des assistants que déconcertèrent ces paroles prirent grand soin de le dissimuler ; la plupart les cru-

(1) De Santis.

rent sincères, beaucoup les jugèrent très-fondées, et lorsqu'elles furent connues de la multitude elles ne produisirent point la fâcheuse impression qu'on aurait pu redouter.

Le 6, dans la soirée, le vice-roi sortit à l'improviste entouré de ses aides de camp et fit une promenade à cheval à travers la ville, sans craindre de la voir troublée par une surprise, personne n'ayant pu connaître à l'avance son dessein. Cette marque de confiance apparente acheva de rassurer la multitude, et la cavalcade recueillit même quelques vivats sur son passage avant de rentrer au château.

Le lendemain matin, un cortége pompeux se rendait à Castelnuovo; c'étaient : l'élu, le capitaine général, les mestres de camp, les chefs populaires Desio, Polito et Marchese, et derrière eux dans un carrosse de cérémonie le cardinal Filomarino avec une suite nombreuse. Une foule immense les suivait. Tous durent laisser leurs chevaux en dehors du pont-levis et déposer leurs armes avant de passer les herses. Ces mesures parurent mortifier beaucoup les plébéiens, qui se plaignirent encore bien davantage lorsqu'ils aperçurent la garnison for-

mée en bataille, et les artilleurs debout près de leurs
pièces.

Chacun ayant pris sa place hiérarchique dans la
chapelle de Sainte-Barbe, et quelques hommes du
peuple ayant été introduits, on lut à haute voix les
cinquante-huit articles de la nouvelle capitulation
additionnelle (1), et le serment fut prêté de part et
d'autre avec les formalités sacramentelles.

Après le *Te Deum* qui suivit immédiatement cet
acte solennel, le vice-roi prit la parole et dans un discours aussi adroit qu'éloquent sut attribuer au peuple
sa part d'éloges, tout en flétrissant les excès que le
désordre enfante inévitablement. Il déclara sans hésiter que l'origine du soulèvement s'expliquait par
de justes causes ; mais il ajouta que rien ne pouvait
excuser la violation du premier traité, insistant d'ailleurs sur cette idée que des émissaires étrangers ai-
grissaient les esprits et trompaient seuls la bonne foi
des populations. Enfin il termina en exposant la pé-
nurie du trésor et la nécessité pour la ville de faire
un nouvel et généreux effort. Ce n'était plus au
nom du roi, c'était au nom des Napolitains eux-

(1) Voir l'Appendice, n° 16.

mêmes ; il n'était pas question d'envoyer des secours en Espagne ; il s'agissait de combattre la famine et la misère, conséquences terribles des événements accomplis ; il fallait pourvoir à la subsistance des troupes, et la flotte qui gardait les côtes réclamait d'indispensables munitions. En réponse à cette harangue aussi favorablement accueillie que religieusement écoutée, le lieutenant Desio proposa spontanément d'offrir à **S. M.** une contribution volontaire de quinze carlins par foyer, le service public ne pouvant rester en souffrance et l'abolition définitive de toutes les gabelles devant être prise en considération. L'assentiment était unanime, l'enthousiasme tenait du délire, on se crut à la fin de l'insurrection (1).

(1) De Santis. — Raphaël de Turris.

FIN DU PREMIER VOLUME.